WHEN HISTORY MEOWS

고양이가 중국사의 주인공이라면

4

[동한 말기 편]

페이즈(肥志) 편저
이에스더 옮김

서문

중국 5000년 역사에서 '영웅'에 대해 이야기한다면, 한 말기 삼국 시대 역사를 빼놓고 말할 수 없을 것이다. 이 시기는 분열과 할거[1]의 시대로 100년도 채 되지 않고, 춘추 전국 시대와 비교하면 중요도에서도 한참 떨어지지만, 이 시기 속 영웅들의 이야기는 사람들에게 즐겨 회자되고 있다.

나도 그런 사람 중 하나다. 어린 시절에 《삼국연의(三國演義)》를 영화, 드라마부터 소설까지 모두 찾아봤고, 제갈량이 오장원(五丈原)에서 병으로 죽을 때 한바탕 엉엉 울기도 했다. 조금 크고 나서는 삼국 시대에 대체 어떤 일이 일어났는지 알고 싶어서 진수(陳壽)의 《삼국지(三國志)》를 파기 시작했다. 그렇게 원래는 '초선차전'[2]이 제갈량이 한 일이 아니라는 것도, 관우가 화웅(華雄)을 죽이지 않았다는 것도 알게 되었다.

책을 다 읽고 나니, 나는 삼국 시대가 그저 과거의 어떤 시간이 아니라 영웅 감성을 주축으로 하는 일종의 문화라는 것을 알게 되었다. 그리고 그 속에는 영웅에 대한 사람들의 예찬과 통일에 대한 기대가 담겼다는 것도 알게 되었다.

그래서 나는 지금까지도 여전히 삼국 시대를 가장 좋아한다.

나는 바로 이런 사심을 담아 이 역사를 '동한 말기 편'과 '난세 삼국 편' 두 권으로 나눠 여러분과 나누기로 했다. 첫 번째 책에서는 '적벽대전'을, 두 번째 책에서는 '세 나라가 진(晉)나라로 합쳐지는' 내용을 마지막 장으로 정했다.

조조, 유비, 손권 등의 역사적 인물은 《고양이가 중국사의 주인공이라면》 4, 5권에서 계속 등장할 것이고, 여기에서 그들이 각각 어떻게 시작했는지, 그들 사이의 전투는 어땠는지에 관해 이야기할 것이다.

늘 그랬듯이, 그들의 이야기는《후한서(後漢書)》,《삼국지(三國志)》,《자치통감(資治通鑑)》 등의 역사적 문헌을 근거로 했다.《삼국연의(三國演義)》소설이나 영화, 드라마만 본 사람이라면, '삼국 시대'가 원래 알던 것과 다르다는 것을 알게 될 것이다.

독자 여러분들이 이 책을 읽고 책 속에 펼쳐진 삼국의 역사를 즐겨 주었으면 좋겠다. 여러분의 긍정적인 반응이 우리에게는 가장 큰 보상이기 때문이다.

다시 한번 감사의 마음을 전한다.

페이즈(肥志)

---

1) 할거(割據) : 땅을 나눠 차지하고 굳게 지킴. ‑ 편집자 주.
2) 초선차전(草船借箭) : 제갈공명이 짚 더미를 쌓은 작은 배 20척을 이끌고 조조 진영에 다가가 화살을 쏘게 해서 10만 대에 달하는 화살을 획득했다고 알려진 일. ‑ 역주.

차례

제 39 장

●

외척, 환관, 사대부의 권력 다툼

서기 25년에 동한 정권이 세워지면서

서기 25년 6월, 유수(劉秀)는
호현[3]에서 황제에 즉위해
한나라 정권을 다시 세웠다.
바이서우이(白壽彝)
《중국통사(中國通史)》

한나라 황조의 수명도 연장되었어.

동한의 정권은
서한 정권을 계승한 것이었다.
졘보짠(翦伯贊)《진한사(秦漢史)》

이전 황조에서 얻은 교훈을 토대로
동한의 중앙집권은 한층 더 강해졌어.

동한을 세운 광무제 유수는
서한 제후들의 횡포와 권세가들의
만행, 외척 세력들의
반란 등으로부터 얻은
뼈저린 교훈을 참고해…
다양한 조치를 통해
전제 정치 체제를 한층 더
강화하고 황권을 굳게 다졌다.
바이서우이(白壽彝)
《중국통사(中國通史)》

3) 호현(鄗縣) : 지금의 허베이(河北)성 스자좡(石家莊)시 지역. – 역주.

황제의 권위도
이전과는 달리 확실히 높아졌지.

서한과 동한 중앙 정권의
가장 큰 차이점 중 하나는
바로 '삼공'⁴⁾의 권력이 약해지고,
상서대⁵⁾의 역할이 커지면서
황권도 강화되었다는 점이다.
린젠밍(林劍鳴)《진한사(秦漢史)》

하지만 비극적인 사실은… 3대 황제부터
황제들이 일찍 죽었다는 거야….

3대 황제인 장제(章帝)가
서른세 살에 사망했다.
천순천(陳舜臣)《중국사 풍운록》
동한 황제는
대부분 단명했다.
판원란(范文瀾)
《중국통사약본(中國通史簡編)》

젊은 황후와 어린 황제를 남겨둔 채로….

황후는 어린 황제를 안고
정사를 보았고,
태후라고 불렸다.
판원란(范文瀾)
《중국통사약본(中國通史簡編)》

---

4) 삼공(三公) : 동한 중앙 최고위직인 태위(太尉), 사도(司徒), 사공(司空). – 역주.
5) 상서대(尙書臺) : 동한의 실제 정무를 총괄했던 기관. – 역주.

외척, 환관, 사대부의 권력 다툼

그래서, 황후는
친정 식구들에게 의지했어.

젊은 태후가
정사(정치와 행정)를 볼 때
대신들과 접촉하는 데에
불편함이 있었기 때문에,
자기 친정 식구들의 도움을 받아
정사를 처리할 수밖에 없었다.
바이서우이(白壽彝)
《중국통사(中國通史)》

외척 세력은 황제의 시중을 든다는
핑계로 권력을 장악했고,
대장군 겸 녹상서사[6] 등과 같은
관직까지 얻어냈다.
바이서우이(白壽彝)《중국통사(中國通史)》

외척은 황제 어머니나 황제 아내의
가족, 즉 태후나 황후의 가족을 말한다.
인민교육출판사
《의무교육 교과서·
7학년 역사 상권(교사용)》

이에 따라 외척 세력이 생겨났지.

하지만 어린 황제는 어릴 적부터
자신을 섬기던 환관들을 의지했고,

환관들은 황제가 유일하게
의지할 수 있는 대상이 되었다.
바이서우이(白壽彝) 《중국통사(中國通史)》

환관은 궁에서 황제와 황제 가족의
시중을 드는 남자로, 동한 시절부터
거세한 남자만 환관으로 뽑혔다.
인민교육출판사
《의무교육 교과서·
7학년 역사 상권(교사용)》

---

6) 녹상서사(錄尚書事) : 상서대의 업무를 관리하는 관직. - 역주.

그렇게 환관 세력도 생겨났어.

> 환관은… 많든 적든
> 상서의 업무를 조종하거나
> 관여할 수 있었다.
>
> 바이서우이(白壽彝)
> 《중국통사(中國通史)》

거기에 학문을 닦아 관리가 되었던
기존 사대부 세력들도 있었지.

> 동한 시절, 사대부는
> 찰거[7]나 징집하는 방식으로
> 선출되었다… 각급 학교의 학생들은
> 모두 관료 후보자였다.
>
> 젠보짠(翦伯贊)《진한사(秦漢史)》

> 동한 중후기는 외척, 환관, 사대부,
> 이 세 관료 집단 세력이
> 오래 지배했다.
>
> 위진 문화 연구소(魏晉文化研究所)
> 《위진수당 문화 예술 사상 연구
> (魏晉隋唐文化藝術思想研究)》
>
> 외척, 환관, 사대부 세 부류의
> 세력들은… 실질적으로
> 각각 태후, 황후, 재상의 권력을
> 대표했다.
>
> 장따커(張大可)《삼국사(三國史)》

이들이 바로 동한 중후기에
정권의 골격을 이루는 3대 기둥이었어!

---

7) 찰거(察擧) : 지방 관리가 수시로 관찰해 선발한 인재를 추천하는 방식. – 역주.

하지만… 권력이 너무
황실에 집중되어 있다 보니

학문을 닦아 관리가 되었던
사대부 세력들의 힘이 상대적으로 약했고…

흥.

동한에서…
재상의 권력이 약화되었다.
푸러청(傅樂成)
《중국통사(中國通史)》

황실을 든든한 배경으로 삼았던
외척과 환관들은 서로 싸우기 일쑤였어.

동한 황조의
전제 정치 체제가
강화되면서…
외척, 환관의 권력 독점과
그들 사이의 분쟁이
심화되었다.
젠보짠(翦伯贊)
《중국사강요(中國史綱要)》

우리가 황제를
대표하는 사람이야!

뭐?
내가 너희 말을
들을 것 같아?

황제들이 모두 어린 나이에 황위에 오르다 보니
어린 시절에는 어머니의 가족들인
외척 세력이 권력을 잡고,

외척들은 스스로 능력이
있다고 믿으며 횡포를 부리고
권력을 독점했다.
어린 황제를 무시하고
조정 대신들도
그들의 의사를 받들어
정사를 처리했다.
바이서우이(白壽彝)
《중국통사(中國通史)》

황제가 성장하면
환관들이 권력을 뺏어갔지.

성인이 된 황제는 외척들의
도움을 원하지 않게 되었고,
권력을 되찾기 위해 자신의 곁에
있는 믿을 만한 환관과
힘을 합쳐 정변을 일으키고
외척들을 제거했다. 황제가
직접 나라를 다스리면서
자연스럽게 공을 세운 환관을
중용했고, 이번엔 환관들이
권력을 독점하게 되었다.
바이서우이(白壽彝)
《중국통사(中國通史)》

그러다 또 황제가 죽으면…

새로운 황후의 외척이 기존 환관 세력을 몰아내고
다시 권력을 잡는 거야!

탕! 탕! 탕! 탕! 탕!
으악!

하지만 황제가 죽고 나자
환관과 같은 비천한 신분의
사람들이 더는 정치에
참여할 수 없었고,
새로운 황제가 세워진 후에는
다시 새로운 외척이
그 자리를 차지했다.
바이서우이(白壽彝)
《중국통사(中國通史)》

어쨌든 그렇게 주거니 받거니 해왔어.

(사대부 세력들은 그저 수박이나 먹는 처지*였어…)

황권 쟁탈전으로 인해
외척과 환관 세력들이
서로 번갈아 가며
세력의 기복을 겪게 된 점이
동한 후기 봉건 정권의
특징 중 하나다.
바이서우이(白壽彝)
《중국통사(中國通史)》

사각사각 쩝쩝

어차피
우리 자린
없는데 뭘.

* '수박이나 먹는 처지'는 인터넷상에서 토론할 때
참여하지 않고 관망하는 태도를 일컫는 말이다.

환제(桓帝)가 황위에 오른 뒤,

환 제
桓帝

(외척들이) 유지(劉志)(즉 환제)를
황제로 받들었다.
바이서우이(白壽彝)
《중국통사(中國通史)》

연희(延熹) 2년(159년)…
환제와 환관 단초(單超) 등이
공모해 양기(梁冀)(외척)를
없애고…양씨 가문을 멸한 뒤
환관이 정권을 독차지했다.
바이서우이(白壽彝)
《중국통사(中國通史)》

환관 세력은 권력 다툼에서 우위를 점했어.

그들은 조정을 통제하기 시작했고

이때부터 정권이
환관들에게 넘어갔고,
조정은 혼란에 빠졌다.
《후한서(後漢書)·
환자열전(宦者列傳)》

관직도 사고팔았지.

환제 연희 4년(161년) 공개적으로
관직을 팔기 시작했다.
바이서우이(白壽彝)
《중국통사(中國通史)》

관내후[8], 호분[9], 우림[10],
제기영사[11], 오대부[12] 등의
관직을 팔았으며,
관직마다 금액이 달랐다.
《후한서(後漢書)·
효환제기(孝桓帝紀)》

---

8) 관내후(關內侯) : 한나라의 20등급 관직 서열 중 2위에 해당하는 관직. – 역주.
9) 호분(虎賁) : 무사. – 역주.
10) 우림(羽林) : 황궁을 지키는 군사. – 역주.
11) 제기영사(緹騎營士) : 고위 관직자의 호위 군사. – 역주.
12) 오대부(五大夫) : 한나라의 20등급의 관직 서열 중 12번째로 높은 관직. – 역주.

이는 평생 학문을 닦아 관리가 되었던
사대부들이 관직을 얻을 기회를
박탈당하는 일이었어.

또다시 환관이 관리를 뽑는
찰거제를 제멋대로
운영하게 되면서
이를 뇌물을 받고 사리사욕을
채우는 도구로 사용했다.
그 결과, 사대부들이 관직에
나갈 기회가 아예 막혀버렸고,
이로 인해 사대부들은
더 큰 불만을 품게 되었다.

두완옌(杜婉言)
《중국 고대 환관 소사
(中國古代宦官小史)》

관직을 다
사고팔면 우린
뭐 하러 공부하냐고!

우리는
수박이나 먹는다고
무시하는 거지.

흥!

그래서 사대부 세력들은
환관 세력과 한판 붙기로 했어.

태학생들은 환관에
반대하는 사대부 관리와
한편에 섰고, 환관의
독재 정치에 반항하는
강력한 분위기가 형성되었다.

바이서우이(白壽彝)
《중국통사(中國通史)》

동한은 광무제가
유학(儒學)을 장려한 이후로
지조를 중시해왔고,
이는 점차 사회적 풍조가 되었다.
당시의 사대부는 대부분
명예와 절조(절개와 지조)를
모두 중시했다.

푸러청(博樂成)
《중국통사(中國通史)》

동한 사대부들은
올곧은 사람들이었거든!

비록 계속
수박이나 먹고 있었지만…

마음속으로는 조정을 바로잡는 것이
사대부인 자신들의 책임이라고
생각하고 있었던 거야!

救国救民

나라를 구하고 백성을 구한다.

학문을 닦은 사람으로서
사대부 세력에게는 '붓'이 있었어.

공부의 신

学霸

세상에! 이게 그들이
저지른
일이라니!

심층취재 :
환관들의 관직 거래

만연한 부패,
처방전은?

양심도 없네!

전국을 뒤흔든 사진, 당장
보지 않으면 없어진다.

상상 초월!
전대미문의 상황이
벌어졌다!

관직 매매, 왜곡된 본능인가.
도덕성의 상실인가.

그래서 그들은
붓을 들고
미친 듯이
분노를 쏟아냈지.

환제와 영제 시절, 나라의 운명이 환관들 수중에 있으니
문인들은 그들과 한 시대를 살아가는 것에 수치심을 느꼈다.
백성들은 분노했고, 처사[13]들은 여과 없이 주장을 펼쳤다. 명예와 절조를
표방해 서로를 칭찬하기도 하고, 고위 관직자들을 비교하기도 하며,
정권을 잡는 것에 대한 이익과 손해를 논하기도 했다.

《후한서(後漢書)·당고열전(黨錮列傳)》

하지만 그들이 잊은 게
하나 있었어….

환관 세력에게는
황제가 있다는 사실 말이야.

헤헷!

환관들의 우두머리는
중상시[14]로, 중상시는
항상 황제 곁에 있어
황제의 보호를 받았다.

푸러청(傅樂成)
《중국통사(中國通史)》

---

13) 처사(處士) : 벼슬을 하지 않고 시골에 살던 선비. – 편집자 주.
14) 중상시(中常侍) : 황제 측근에서 황궁 업무를 보고 황명을 전달하던 환관. – 역주

그들은 황제에게 유언비어를 전했고,

폐하, 저들이 반역을
일으키려고 한답니다.

이응[15] 등의 사람들이
태학의 달변가들을 키우고,
각 군의 생도들과 교제하며
함께 무리를 지어
조정을 비난하고 풍속을 해친다는
상서를 올려 무고했다.
《후한서(後漢書)·당고열전(黨錮列傳)》

그렇게 200명이 넘는 사대부들이
모두 잡혀 들어갔어.

200명 사망

황제가 크게 노해서 이 무리를
잡아들이라는 명을 내렸다 …
진식[16]의 무리는 200여 명으로
그중 도망친 사람들은 모두 현상금을
걸어 잡았다. 사람을 보내
이들을 잡아들이니 길에
체포 행렬이 끊이지 않았다.
《후한서(後漢書)·당고열전(黨錮列傳)》

이게 바로 그 유명한 '당고지화(黨錮之禍)'야.

당 고 지 화
党錮之祸

이것이 바로
역사상 첫 당고지화였다.
바이서우이(白壽彝)
《중국통사(中國通史)》

---

15) 이응(李膺) : 동한의 정치가. – 역주.
16) 진식(陳寔) : 동한의 관리. – 역주.

비록 나중에는 여론의 압박 때문에
잡아들인 사대부들을 풀어줬지만,
(이렇게 풀려난 사람들은
평생 관리가 될 수 없었어.)

제2년, 사대부들의
필사적인 구조와
여론의 압박으로 환제는
어쩔 수 없이 사대부들을 풀어주었다.
바이서우이(白壽彝)《중국통사(中國通史)》

황제의 화가 누그러지고,
체포되었던 사람들은 풀려나
농촌으로 보내졌다. 그들은 평생
관리가 될 수 없었다.
또한, 그들의 이름은
황궁에 기록되었다.

《후한서(後漢書)·당고열전(黨錮列傳)》

저리 가!
다음부턴
눈치 챙기고!

관리가 되는 길을 막는 방식은
환관들이 사대부를 상대할 때 사용하는 필살기가 되었어.

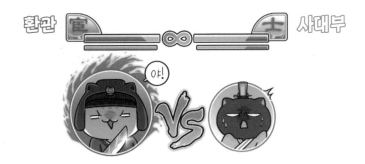

환관 宦 ∞ 士 사대부

야!

VS

영제(靈帝) 시절에도

영 제
灵帝

환제가 죽고
영제가 즉위했다.
젠보짠(翦伯贊)
《진한사(秦漢史)》

영제 건녕(建寧) 2년(169년),
환관들은 또다시
더 많은 사람을 연루시켜
두 번째 당고지화를 일으켰다.
바이서우이(白壽彝)
《중국통사(中國通史)》

환관들은 같은 수법으로
사대부들을 '모함'했고,

폐하, 쟤들이
폐하가 새 게임기 사는 거
방해할 거래요!

히!

또 1,000여 명의 사대부들이
화를 당했어.

전국의 학식이 뛰어나고
덕이 높은 사람은 모두
같은 무리로 지목되었고,
죽이거나 군에 편입시키거나
감옥에 가둔 사람이
600~700여 명에 달했다…
환관들은 폭력을 사용해
우수한 학생들을 죽이고
1,000여 명을 감옥에 가두었다.
판원란(范文瀾)
《중국통사 약본(中國通史簡編)》

두 번의 당고지화로
환관에 반대하던 정직한 관리들과
태학생들이 거의 다 사라졌다.
바이서우이(白壽彝)
《중국통사(中國通史)》

남은 것은 모두 비천하고 부끄러움을
모르는 평범한 사람들뿐이었다.
판원란(范文瀾)
《중국통사 약본(中國通史簡編)》

그 일 이후, 동한을 구할 유망한 사대부들은
전부 목소리를 잃었고,

봉호*

* 왕이 봉해 내려준 호로, 벼슬을 받는 사람을
가리키는 이름이다.

환관이 전권을 가진 동한 정부는
갈수록 부패했어….

> 영제는… 환관에 대한
> 믿음이 더 강해지다 못해
> 자신이 그 썩은 집단의
> 우두머리가 되었다.
>
> 장따커(張大可)
> 《삼국사(三國史)》

황제부터 하급 관리들까지
차례로 관직을 사고팔았지.

> 광화(光和) 원년(178년),
> 환관은 영제를 꼬드겨
> 서쪽 정원에 저택을 짓고
> 그곳에서 관직을 사고팔게 했다.
> 최고위직부터 자사[17], 군수(郡守),
> 현령(縣令)까지 모두
> 각각 매겨진 금액이 있었다.
>
> 푸러청(傅樂成)
> 《중국통사(中國通史)》

관직을 산 사람은 본전을 뽑기 위해서

---

17) 자사(刺史) : 주(州)를 다스리는 관리. – 역주.

더 심하게 백성들을 착취했고

관리들은 관직 매매 때문에
자신이 진 빚을 갚기 위해
횡령과 뇌물 수수를 일삼았고,
백성들은 더는 참을 수 없는
지경에 이르렀다.

푸러청(傅樂成)
《중국통사(中國通史)》

빨리!
간식이랑
게임기
내놔!

동한은 매우 불안정한 말년에 접어들고 있었어….

6년 후 (184년),
황건적의 난이 일어나고
나라가 혼란에 빠졌다.

푸러청(傅樂成)
《중국통사(中國通史)》

그 뒷이야기는 어떻게 되었을까?

이어서 계속

편집자의 말 ◇◇◇◇◇◇◇◇◇◇◇◇◇◇◇◇◇◇◇◇◇◇◇◇◇◇◇◇◇

환제와 영제 시절, 환관들은 사대부들을 당파를 결성하고 조정을 위협하는 무리로 몰았고, 그들을 '당인(黨人)'이라고 부르며 종신 금고[18]형을 내렸다. 이 당인들이 붙잡혀 죽임을 당한 두 차례의 사건을 '당고지화'라고 부른다. 동한 초기에는 중앙집권 체제를 공고히 하기 위해 유학(儒學) 제창, 태학(太學) 창설, 찰거제도 실시 등을 통해 사대부 세력을 크게 성장시켰다. 또한 군대 감축, 노역 및 조세 감면 등을 통해 백성들의 부담을 줄이고 생활을 안정시켰다. 이로써 동한은 한동안 번영했지만, 드러나지 않은 큰 문제가 있었다. 동한을 세운 광무제 유수는 권력을 이용해 백성들에게 횡포를 부리던 지주 출신으로, 천하를 손에 넣기 위해 지방 지주들의 힘에 많이 의지했다. 그는 즉위한 후에도 강력한 지주 세력을 약화시키거나 진압하는 데 실패해 흐지부지 넘겨버렸다. 그 영향으로 훗날 심각한 토지 겸병[19]과 수많은 농민이 토지를 잃고 노비로 전락하는 현상이 발생했다. 게다가 '당고지화' 이후 관리들은 더욱 부패했고, 권력을 장악한 사람들과 대지주들은 함께 백성을 억압했다. 이에 백성들은 더 가난해졌고, 참다못해 대규모 농민 봉기를 일으켜 동한의 통치 근간을 흔들었다.

사대부 역 - 우롱차   환관 역 - 만두   외척 역 - 순두부

참고 문헌 : 《후한서(後漢書)》, 《자치통감(資治通鑑)》, 푸러청(傅樂成) 《중국통사(中國通史)》, 바이서우이(白壽彛) 《중국통사(中國通史)》, 젠보짠(翦伯贊) 《진한사(秦漢史)》 및 《중국사강요(中國史綱要)》, 판원란(范文瀾) 《중국통사 약본(中國通史簡編)》, 천순천(陳舜臣) 《중국사 풍운록》, 린젠밍(林劍鳴) 《진한사(秦漢史)》, 두완옌(杜婉言) 《중국 고대 환관 소사(中國古代宦官小史)》, 위진 문화 연구소(魏晉文化研究所) 《위진수당 문화 예술 사상 연구(魏晉隋唐文化藝術思想研究)》, 인민교육출판사 《의무교육 교과서·7학년 역사 상권(교사용)》

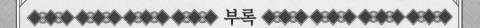

윗사람을 속이고, 아랫사람을 괴롭히다

영제는 환관을 깊이 신뢰했어. 어떤 환관은 황제의 총애를 받자 눈에 보이는 게 없어진 나머지 영제 몰래 자신의 방을 황궁처럼 꾸미기까지 했지. 그러나 아무도 함부로 간섭할 수 없었어.

인맥 부자

환제와 영제 시절, 외척과 환관들은 권력을 장악한 뒤 궁에 자기 집안 사람들을 채워 자신들의 세력을 더 키우려고 했어. 외척이나 환관 한 사람이 100명 가까이 되는 집안 사람들을 궁에 배치한 적도 있었어.

화장실 정변

환제 시절, 외척 세력의 권세는 하늘을 찌를 정도였어. 그들은 환제의 일거수일투족을 감시했고, 환제는 어쩔 수 없이 화장실에 숨어서 환관들과 외척들의 권력을 빼앗을 계획을 세워야 했어.

---

18) 금고(禁錮) : 평생 벼슬길에 나설 수 없게 하는 것. - 역주.
19) 겸병(兼倂) : 권문세족이 백성들의 토지를 다양한 방식으로 흡수해 대토지를 소유하게 되는 것. - 역주.

야옹이들의 프로필

<사막에서 목숨을 구하다>

<오아시스>

우롱차

게자리
생일 : 7월 11일
키 : 180cm
잘 못 하는 것 : 셀카 찍기
가장 좋아하는 음료 : 딸기
치즈 폼 밀크티

(인간 우롱차 소개)

25

신년

제 40 장

•

황건적의 난과 동탁의 등장

동한 말기는 암흑기였어.

동한 후기에 외척과 환관들이
교대로 정권을 장악하면서
관료 체계가 부패하고
재난이 빈번하게 일어났다.
바이서우이(白壽彝)
《중국통사(中國通史)》

극소수의 청렴결백하고
정직한 사람을 제외하고는
황제에서 하급 관리에
이르기까지 모두가
승냥이와 이리처럼
백성들을 집어삼켰다.
판원란(范文瀾)
《중국통사 약본(中國通史簡編)》

황제부터 하급 관리들까지
모두 백성들을 착취했거든.

이런 상황이 되자
봉기가 일어났어….

와!

관리들이 백성들을 강제로
징집해 노역을 시켜
상황은 갈수록 참혹해져 갔다.
백성들은 세금과 노역,
기근에 못 이겨 어쩔 수 없이
이에 반대하는 투쟁을
일으키게 되었다.
바이서우이(白壽彝)
《중국통사(中國通史)》

봉기한 백성들은 머리에
노란색 두건을 쓰고 있었지.

2월, 36곳에서 동시에
봉기가 일어났다.
봉기한 백성들은
모두 머리에 황색 두건을 둘러
이를 표식으로 삼았다.
바이서우이(白壽彝)
《중국통사(中國通史)》

이게 바로 그 유명한 '황건적의 난'이야.

백성들의 봉기가
장기화되면서
184년 황건적의 난이
폭발했다.
바이서우이(白壽彝)
《중국통사강요(中國通史綱要)》

봉기의 규모가 엄청났기 때문에

봉기의 기세는 빠르게 확산했고,
한 달도 되지 않아 전국 각지에서
봉기에 호응하는 사람들이
생겨났다. 이로 인해
낙양은 크게 들썩였다.
바이서우이(白壽彝)
《중국통사강요(中國通史綱要)》

중앙군은 큰 곤경에 빠졌어.

동한의 조정은
매서운 황건적의 난의 기세를
크게 두려워했다.
바이서우이(白壽彝)
《중국통사(中國通史)》

결국, 동한 중앙 정부는
자신들의 권력을
내려놓기 시작했어.

영제의 정치적 능력이 부족해
여기저기서 난이 일어났다.
유언[20]은 자사의 권력이 너무 약해
반란을 제지하지 못한다고 생각했다.
그래서 목백[21]을 세워 난을 평정하고,
민심을 수습해야 하며,
이 목백은 중신 중에서 숙고해
뽑아야 한다고 했다…
목백은 이때부터 매우 중요해졌다.
《후한서(後漢書)·유언전(劉焉傳)》

봉기를 진압하기 위해서
지방 정부도 스스로 군대를
조직할 수 있게 했지.

(조정에서는) 명망도 있고
믿을 만한 황족이나 9경[22], 상서에게
주(州)의 군정이라는
큰 권력을 주어 이를 맡게 했다.
젠보짠(翦伯贊)
《중국사강요(中國史綱要)》

지방 관리들과 호족들은…
각자 군사를 모집하고 말을 사들이며
힘을 키웠다.
군사과학원(軍事課學院)
《중국 군사 통사(中國軍事通史)》

그때부터, 권력을 중앙에 완전히 집중시킨
중앙 황권 제도가 무너지기 시작한 거야.

목백은 지방을 약탈해…
군권을 가지고 동한 정권과
지방 통치를 분할시켰다.

군사과학원(軍事課學院)
《중국 군사 통사(中國軍事通史)》

각지의 관리들과 지주들은
잇달아 군대를 조직했고,

힘 있는 지주들이 합법적이면서도 공개적으로
무장해 힘을 키울 기회를 얻게 되면서,
그들의 세력은 급속도로 커졌다.

바이서우이(白壽彝) 《중국통사(中國通史)》

이렇게 개개인이 군대를 소유하면서
군벌을 형성했어.

이렇게 개인을 중심으로 한
군사 집단이 형성되면서
군벌[23] 또한 형성되었다.

푸러청(傅樂成)
《중국통사(中國通史)》

---

20) 유언(劉焉) : 동한의 정치가. – 역주.
21) 목백(牧伯) : 황명을 받아 주후(州侯)들을 감독하던 관직. – 역주.
22) 9경(九卿) : 삼공에 버금가는 9개의 고위 관직. – 역주.
23) 군벌(軍閥) : 한 지역의 군사 집단이 독립적인 군사 세력이 되는 경우. – 역주.

군벌이 등장하면서
각지의 농민 봉기는 확실히 진압되었지만,

각지의 지방 세력들이
너도나도 군사를 일으켜
관군과 함께 황건적을
잔혹하게 진압했다.
바이서우이(白壽彝)
《중국통사(中國通史)》

동한은 점차 분열되기 시작했지.

강한 군사를 가지고 있는
목백이라면 가난한 집안 출신이든,
사대부 출신이든 모두 자기만의
뜻을 품고 할거의 때를 기다렸다.
장따커(張大可)
《장따커 문집(張大可文集) ·
삼국사(三國史)》

이 난세의 시작에는 서북 군벌이 있었어.

… (그는) 각 지역 할거의
움직임을 더 빨리 확산시켰다.
졘보짠(翦伯贊)
《중국사강요(中國史綱要)》

24) 효웅(梟雄) : 강하고 야심 찬 인물. 지혜와 용기가 뛰어난 인물. – 역주.

그리고 그 서북 군벌을 이끄는 사람이
바로 동탁(董卓) 고양이였지!

동한 변방의 군사들이
내륙 군사들보다 강했다.
그중에서도 서북 변방의 군사들이
가장 강했는데, 동한 말기
양주(涼州)의 동탁이 바로
서북 변방 군사들의 힘을
기반으로 일어난 군벌이었다.

바이서우이(白壽彝)

《중국통사(中國通史)》

동탁의 자(字)는 중영(仲穎)이며,
농서군 임조현[25] 출신이다.
서한 시절의 임조현은… 강족[26]을
방어하는 변방의 중요한 지역이었다.

장따커(張大可)

《장따커 문집(張大可文集)·삼국사(三國史)》

양주(涼州)의 자사부는 각각 롱서(隴西),
천수(天水), 금성(金城), 안정(安定), 무위(武威),
장액(張掖), 주천(酒泉), 돈황(敦煌)
8군에 있었다.

리샤오제(李曉傑)

《서한 행정구역 지리(西漢政區地理)》

동탁 고양이는 오랫동안 이민족과
전쟁을 치러온 변방에서 자라났어.

그 동네 고양이들은 다들
주먹으로 이야기하는 것을 즐겼지….

그곳 사람들은 강족과 왕래하며
말타기와 활쏘기에 능해졌고,
점점 용맹해졌다.

장따커(張大可)

《장따커 문집(張大可文集)·
삼국사(三國史)》

---

25) 임조현(臨洮縣) : 지금의 간쑤(甘肅)성 민(岷)현 지역. - 역주.
26) 강족(羌族) : 쓰촨(四川)성 서북부에 분포되어 있는 중국 소수 민족의 하나. - 역주.
27) 양주(涼州) : 지금의 간쑤성 우웨이(武威)시 지역. - 역주.

동탁 고양이는 건장한 몸을 타고났고,

동탁의 힘은
보통 사람 이상이라 양팔에
화살통을 매고, 말을 타고
달리면서 활을 쏠 수 있었다.
강족도 그를 두려워했다.
《후한서(後漢書)·
동탁열전(董卓列傳)》

힘센 사람들과 친구가 되는 것을 좋아했어.

어려서부터 협객을 좋아하고
강족들과 어울려 놀았으며
여러 호걸을 사귀었다.
《삼국지(三國志)·
동이원유전(董二袁劉傳)》

성인이 되고 나서는
자진해서 군대에 들어갔고,

군(郡)에서 동탁을 불러
관리로 임명하고 도적들을
감독하게 했다.
《삼국지(三國志)·
동이원유전(董二袁劉傳)》
배송지(裴松之) 주석《오서(吳書)》

양주(涼州)의 자사 성취(成就)가 동탁을 불러 종사[28]로 삼고 병사를 이끌고 도적을 토벌하게 했다. 그가 도적들을 크게 무찌르고 죽이거나 붙잡은 수가 1,000여 명이었다.

《삼국지(三國志)·동이원유전(董二袁劉傳)》
배송지(裴松之) 주석 《오서(吳書)》

전장에서 그를 만나면 아무도 살아남지 못했어.

30년간 미친 듯이 적들을 무찌르며 승진한 끝에,

그는 20대에 양주(涼州)의 병마연[29]에 임명되고… 서기 167년, 약 서른다섯 살에 중랑장[30] 장환(張奐)의 군사마[31]가 되었다… 서기 185년 파로장군(破虜將軍)으로 임명되었다. 장온(張溫)을 따르며 한수(韓遂)를 정벌했다… 전장군[32]으로 승진했다.
[주석 – 동탁이 어린 나이에 관리가 되어 훗날 전장군이 될 때까지 30여 년을 전쟁터에서 보냈다.]

장따커(張大可) 《장따커 문집(張大可文集)·삼국사(三國史)》

전장군에 임명되고 태향후[33]로 봉해졌다가 병주[34] 목백으로 임명되었다.

《삼국지(三國志)·동이원유전(董二袁劉傳)》

그는 장군이 되었을 뿐만 아니라

28) 종사(從事) : 자사의 보좌관 격의 관직. – 역주.
29) 병마연(兵馬掾) : 군(郡)의 무기, 병마 등을 관리하는 관직. – 역주.
30) 중랑장(中郎將) : 황궁 경비를 책임지는 관직.– 역주.
31) 군사마(軍司馬) : 대장군의 속관. – 역주.
32) 전장군(前將軍) : 3품에 해당하는 사방장군(四方將軍)급 중에 두 번째로 높은 관직. – 역주.
33) 태향후(鮐鄉侯) : 지금의 산시(陝西)성 우공(武功)현 남쪽의 태(鮐) 지역을 주관하던 관직. – 역주.
34) 병주(并州) : 지금의 네이멍구(內蒙古) 오르도스, 산시(山西)성 타이위안(太原) 지역. – 역주.

동탁이 다시 글을 올려 말하기를
"신은 아무런 계책도 내지 못하고
잘한 일도 없는데 하늘에서
잘못 은혜를 내리셔서 군사를 맡은 지
10년이 되었습니다. 병사들과는
나이에 상관없이 서로 오래 알고 지내
익숙한 사이입니다. 그들은 신이
길러준 은혜에 감사하며
자신들의 목숨을 당장이라도
내던질 것입니다."
《후한서(後漢書)·동탁열전(동탁㤠傳)》

자신에게 충성하는
용맹한 군대를 길러냈고,

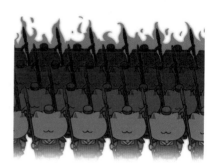

당시에 가장 강한 군벌 중
하나가 되었어!

이 조정은 정치에 실패했고
나라는 이미 무너지기 시작했습니다.
나라를 평안하게 하고, 기울어진 것을
바로 세울 수 있는 분은
대인(황보숭)과 동탁뿐입니다.
《후한서(後漢書)·
황보숭주준열전(皇甫嵩朱俊列傳)》

하지만 이렇게 힘을 키우는데…
중앙에서 모를 리가…

조정에서 이를
다스릴 수 없어서
근심거리가 되었다.
《후한서(後漢書)·
동탁열전(董卓列傳)》

불안한 기운을
감지했다!

익!

중앙에서는
그에게 병권을 내놓으라고 수차례 요구했지만,

6년에 동탁을 불러서
소부[35]의 관직을 내리려
했으나… 동탁을
병주 목백으로 임명하고
병사들은 황보숭[36]에게
소속시켰다.
《후한서(後漢書)·
동탁열전(董卓列傳)》

그는 신경 쓰지 않았어….

동탁은 임명을
받아들이지 않았다.
《후한서(後漢書)·
동탁열전(董卓列傳)》

형님,
위에서 또 전화가
왔는데….

안 받아!

오히려 그는 핑곗거리를 찾아
군대를 수도 근처로 이동시켰어.

형님과
함께
가 보자!

"병주로 가서 변방에
힘쓰게 해주십시오."
그리고 하동[37]에 병사를 두고서
정세의 변화를 관찰했다.
《후한서(後漢書)·
동탁열전(董卓列傳)》

---

35) 소부(少府) : 황제의 개인 재산과 생활 사무를 관장하는 기관. – 역주.
36) 황보숭(皇甫嵩) : 동한의 무장. – 역주.
37) 하동(河東) : 지금의 산시(山西)성 서남부 지역. – 역주.

호시탐탐 일을 낼 준비를 하고 있었던 거야!

마침 그때,
황제가 죽었어!

병진(丙辰)일, 영제가
남궁(南宮) 가덕전(嘉德殿)에서
서른네 살의 나이로
세상을 떠났다.

《후한서(後漢書)·
효영제기(孝靈帝紀)》

동한 중후기의 상당히
긴 역사 동안 정치계는
줄곧 외척, 환관, 사대부
세 부류의 세력에 의해 지배되었다.
위진 문화 연구소(魏晉文化研究所)
《위진수당 문화 예술 사상 연구
(魏晉隋唐文化藝術思想研究)》

원래 동한에는 세 부류가
정치적인 힘을 가지고 있었는데

황제의 환관, 태후의 외척

그리고… 수박이나 먹던 사대부였어.

외척은 태후의 힘을 빌려
나라를 장악하고,
환관은 황권을 빌려
횡포를 부렸으며,
사대부는 선비임을 내세워
자신들을 드러냈다.
장따커(張大可)
《장따커 문집(張大可文集)·
삼국사(三國史)》

예전부터 황제가 바뀔 때면,
환관과 외척들은 서로를 물어뜯었고,

동한 말기, 대부분의 태자가
어린 나이에 즉위해
젊은 태후가 정사를 보고…
황권 쟁탈전으로 인해
외척과 환관 세력들이
서로 번갈아 가며 세력의
기복을 겪게 된 점이
동한 후기 봉건 정권의
특징 중 하나다.
바이서우이(白壽彝)
《중국통사(中國通史)》

힘이 약했던 사대부는 그저
옆에서 바라만 볼 뿐이었지···.

* 무권 : 권한이 없음.

하지만 이번에는 외척들이 사대부들을 끌어들여
함께 환관들을 끝장내려고 했어!

그래서 그들은 군벌을
수도로 불러올리기로 했지.

38) 하진(何進) : 영제의 외척이자 당시의 대장군. - 역주.

이 군벌 중에 동탁 고양이의 군벌도 있었어.

동탁 고양이는 이 소식을 듣자마자 바로 수도로 출발했고,
거기서 한바탕 거사를 치를 생각이었지.

동탁도 부름을 받고 즉시 출발했고, 이렇게 상서를 올렸다.
"중상시 장양(張讓) 등이 황제의 총애를 얻어서 천하를 어지럽혔습니다…
이 간사한 무리를 없애버리시길 바랍니다."

《자치통감(資治通鑑)·한기(漢紀) 51》

황건적의 난과 동탁의 등장

하지만 막 수도에 도착했을 때,
외척과 환관은 이미 함께 몰락해 있었고,

살벌하게도
싸웠네…

동탁은 현양원[39]에 도착해
멀리서 불길이 치솟는 것을 보고
변란이 일어난 것을 알고는
급히 군사들을 이끌고 진격했다.
《자치통감(資治通鑑)·한기(漢紀) 51》

환관들은 상황이 급박해지자
하진(외척들의 우두머리)을 꾀어
입궁하게 한 뒤 그를 죽여버렸다.
그러자 하진의 부하들이
군사를 일으켜 환관들을 죽였다.
뤼쓰미안(呂思勉)《중국통사(中國通史)》

경오(庚午)에 중상시
장양, 단규(段珪) 등이
곤경에 처하자 황제와 진류왕[40] 등
수십 명을 데리고 걸어서
곡문[41]을 나섰다.
《자치통감(資治通鑑)·한기(漢紀) 51》

동탁이 군사들을 이끌고 낙양 서쪽
교외에 도착해 북망산[42] 기슭에서
황제와 진류왕과 만났다.
바이서우이(白壽彝)
《중국통사(中國通史)》

남은 것은 혈혈단신인 어린 황제와
수박이나 먹던 사대부였어.

아
…

유휴!

손 안 대고
코 푼 셈이었지….

---

39) 현양원(顯陽苑) : 지금의 허난(河南)성 뤄양(洛陽)시 동북쪽 지역. – 역주.
40) 진류왕(陳留王) : 영제의 아들인 유협(劉協). – 역주.
41) 곡문(穀門) : 낙양성의 북문. – 역주.
42) 북망산(北邙山) : 허난(河南)성 내 산 이름. – 역주.

하진 형제의 부하들은 소속될 곳이
없어 동탁에게 나아갔다.
동탁은 여포(呂布)를 시켜 집금오[43]
정원(丁原)을 죽이고 그 군사들을
흡수했다. 이로써 수도의 군권이
모두 동탁의 수중에 들어갔다.

《삼국지(三國志)·
동이원유전(董二袁劉傳)》

그렇게 동탁 고양이는
손쉽게 수도를 장악할 수 있었고,

황제도 바꿔버렸어.

중평(中平) 6년 9월, 동탁은 황제를 폐해
홍농왕(弘農王)으로 강등하고, 유협을
황제로 세웠다. 그가 헌제.

바이서우이(白壽彝)《중국통사(中國通史)》

동탁이 정권을 잡은 뒤, 한양[44]군의 주비[45]를
이부상서[46]로 임명하고, 허정[47]과 모의해
나라의 선비들을 발탁하거나 물러나게 하고,
탐관오리를 추방했으며, 사람들에게
알려지지 않은 인물을 발탁했다.

《삼국지(三國志)·허정전(許靖傳)》

그때부터 동한 황조는 나라를 통제하는 힘을 잃고
유명무실해졌지….

동탁이 황제를 폐위시키고
태후를 죽였다… 한 황조는
이로 인해 혼란에 빠졌다.

《후한서(後漢書)·
두하열전(竇何列傳)》

---

43) 집금오(執金吾) : 황제의 친위대 중 북군을 지휘하는 관직. ─ 역주.
44) 한양(漢陽) : 후베이(湖北)성 우한(武漢)시 주요 지역. ─ 역주.
45) 주비(周毖) : 동한 말기의 대신. ─ 역주.
46) 이부상서(吏部尙書) : 정부 주요 기관 6부 중 이부의 장관. ─ 역주.
47) 허정(許靖) : 삼국 시대의 정치가. ─ 역주.

동탁 고양이의 등장은
온 나라를 들썩이게 했고,

군벌들 간 전쟁의 서막을 열었어.

그(동탁)가 군사를 이끌고
낙양으로 쳐들어가 조정을
독단적으로 운영하고,
멋대로 황제를 폐위시킨 일이
한 말기 군벌 혼전에
도화선이 되었다.

장따커(張大可)
《장따커 문집(張大可文集)·
삼국사(三國史)》

하지만 모난 돌이 정 맞는다는 말처럼,
동탁 고양이의 난폭한 성향 때문에
그의 군벌은 다른 군벌들의 토벌 목표가 되었고,

주(州)와 군(郡)의 목백들이
각자의 깃발을 꽂고
병사를 모으고 말을 사들여
동탁을 토벌하려 했다.
북방 각지에서 곧장
혼전이 시작되었다.

젠보짠(翦伯贊)
《중국사강요(中國史綱要)》

그가 모든 것을 좌지우지하고 있을 때쯤,
10개의 군벌이 연합군을 형성하고 있었어.

초평(初平) 원년 봄 정월,
후장군(後將軍) 원술(袁術),
기주(冀州) 목백 한복(韓馥),
예주(豫州) 자사 공주(孔伷),
연주(兗州) 자사 유대(劉岱),
하내(河內) 태수 왕광(王匡),
발해(渤海) 태수 원소(袁紹),
진류(陳留) 태수 장막(張邈),
동군(東郡) 태수 교모(橋瑁),
산양(山陽) 태수 원유(袁遺),
제북(濟北) 재상 포신(鮑信)이
동시에 군사를 일으켰는데
그 무리가 각각 수만에 이르렀고
원소를 맹주로 추대했다.

《삼국지(三國志)·무제기(武帝紀)》

그들은 성공할 수 있었을까?

이어서 계속

편집자의 말 ◇◇◇◇◇◇◇◇◇◇◇◇◇◇◇◇◇◇◇◇◇◇◇◇◇◇◇◇◇◇◇◇◇

　《삼국연의(三國演義)》 덕분에 사람들은 동한 말기의 역사에 대해 잘 알고 있다. 하지만 주의할 점은 《삼국연의(三國演義)》는 원나라 말 명나라 초 나관중(羅貫中)이 집필한 장편 소설로 정사, 민간 전설, 화본,[48] 희곡 등을 한데 섞은 재창작물이라는 것이다. 그래서 역사서 기록과 많은 차이가 있다. 예를 들어 《삼국연의(三國演義)》에서 동탁을 토벌하러 간 군이 18부대라고 했지만, 《삼국지(三國志)》에서는 10부대로 기록되어 있다. 이 책에서는 주로 《후한서(後漢書)》, 《삼국지(三國志)》(배송지[49] 주), 《자치통감(資治通鑑)》, 《진서(晉書)》 등의 사료를 참고했다. 동탁이 수도로 올라온 까닭에 대해서는 사서들이 각각 다르게 기록하고 있어 정설이 없다. 《후한서(後漢書)·두하열전(竇何列傳)》에 따르면 환관, 외척, 사대부 내전 당시, "원소(袁紹) 등이… 사방의 용맹한 장수들과 여러 호걸을 불러 모아 함께 군대를 끌고 수도로 향하게 했다"라는 기록이 있다. 하지만 《후한서(後漢書)·동탁열전(董卓列傳)》에 따르면 "대장군 하진과 사예교위[50] 원소가… 개인적으로 동탁의 군대를 조정으로 불렀다"라는 기록도 있다. 《자치통감(資治通鑑)·한기(漢紀) 51》의 기록과 종합해 이 책에서는 첫 번째 견해를 실었다.

동탁 역 - 라면

참고 문헌 : 《삼국지(三國志)·무제기(武帝紀)》, 《후한서(後漢書)》, 《자치통감(資治通鑑)》, 푸러청(傅樂成) 《중국통사(中國通史)》, 젠보짠(翦伯贊) 《중국사강요(中國史綱要)》, 바이서우이(白壽彝) 《중국통사(中國通史)》 및 《중국사강요(中國史綱要)》, 판원란(范文瀾) 《중국통사 약본(中國通史簡編)》, 군사과학원(軍事課學院) 《중국 군사 통사(中國軍事通史)》, 장따커(張大可) 《장따커 문집(張大可文集)·삼국사(三國史)》, 리샤오제(李曉傑) 《서한 행정구역 지리(西漢政區地理)》, 위진 문화 연구소(魏晉文化研究所) 《위진수당 문화 예술 사상 연구(魏晉隋唐文化藝術思想研究)》, 인민교육출판사 《의무교육 교과서·7학년 역사 상권(교사용)》

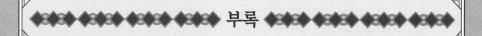

일당백

동탁이 수도로 들어갈 때 병사를 3,000명만 데려갔는데, 병사들에게 밤에 변장하고 성을 나갔다가 아침에 군복을 입고 다시 성으로 돌아오게 했어. 그래서 사람들은 그에게 엄청난 대군이 있는 줄 알고 절대 경거망동하지 않았어.

바지를 내려 증명하다

외척들이 환관들과 결전을 벌일 때 한 명도 남김없이 없애려고 했어. 그래서 그들은 수염을 기르지 않은 사람만 보면 죽이려고 했지. 결국, 사람들은 외척들을 만나면 어쩔 수 없이 바지를 내리고 자신들이 환관이 아니라는 것을 증명해야 했어.

하늘이 돕는 자

동탁은 용맹했지만, 하늘의 도움을 받기도 했어. 어느 날, 질 게 뻔한 전쟁을 치르는데 하늘에서 유성이 떨어졌고, 적군들은 이를 불길한 징조로 여겨 도망을 가버렸어. 결국 동탁이 대승을 거뒀지.

---

48) 화본(畫本) : 주로 역사 고사와 당시의 사회생활을 제재로 하는 구어체 소설. – 역주.
49) 배송지(裴松之) : 중국 남북조시대 송나라의 사학자. – 역주.
50) 사예교위(司隷校尉) : 고대 중국의 관직으로, 황제의 친족을 포함한 조정 대신들을 감찰하는 것이 목적이었다. – 역주.

야옹이들의 프로필

라면 극장

<우롱차 대마왕>

인간 청소 계획 시작이다!

서기 3048년, 외계에서 온 우롱차 대마왕이 지구로 찾아왔어요.

지구는 지금까지 한 번도 경험해보지 못한 대청소를 겪게 될 것이다!

엉? 진짜로 청소하러 온 거였어?

이 행성 진짜 더럽네.

<라면의 요리 교실>

열심히 따라 해볼게....

내가 먼저 보여줄 테니까 보고 똑같이 따라 해.

빠져!! 아!

물 넣지 마!

빨리 불 꺼!

그건 소금이야!

으아!! 에!

까먹었어… 미안….

순서도 다 틀리고, 양념도 다 잘못됐어…

라면은 대체 얼마나 행운아인 거야?

과정은 다 틀렸지만 생각보다 맛있어!

라면

쌍둥이자리
생일 : 6월 1일
키 : 180cm
잘 못 하는 것 : 재미있는
이야기하기
가장 좋아하는 음료 : 커피

(인간 라면 소개)

49

제 41 장

●

관동 연합군과 동탁의 죽음

동한 말기의 정부는
쓰러져가는 집과도 같았어.

동한이라는 건물은
이미 기울었고,
어리석은 군주는
향락에 빠졌으며
간신들이 들끓었다.
저우구이뎬(周桂鈿)
《진한 사상사(秦漢思想史)》

동한의 관리들은
나랏돈을 횡령하고,
지방 세력들은 서로를
집어삼켰으며,
정치계는 암울했고,
형벌은 가혹했다.
백성들은 극심한 압박을 받아
더는 생활을
이어 나갈 수가 없었다.
판원란(范文瀾)
《중국통사 약본(中國通史簡編)》

정국은 혼란스러웠고,

신하들이 권력을 독점했지.

외척과 환관이
정권을 장악했다.
젠보짠(翦伯贊)
《중국사강요(中國史綱要)》

그러자…
농민들이 들고일어났어.

영제 중평 원년(184년),
황건적의 난이 일어났다.
바이서우이(白壽彝)
《중국통사(中國通史)》

황건적의 난은 마치
활활 타오르는 불과 같았는데,

황건적의 난은
2월에 시작되었는데
열흘도 채 되지 않아
전국으로 퍼졌다.
나라 각지에서 관아를 불태우고
성읍을 공격하자,
주와 군의 장관들이
잇달아 도망쳤다.
판원란(范文瀾)
《중국통사 약본(中國通史簡編)》

이 불이 한쪽에서만 타오른 게 아니라…

관동 연합군과 동탁의 죽음

여기에서도 타오르고…
저기에서도 타올라서…

각지의 농민들은…
계속 황건적의 이름으로
서하(西河), 여남(汝南), 청서(青徐),
익주(益州) 등지에서 일어났다.
강남 지역에서도 황건적이
활동하는 것을
자주 볼 수 있었다.
젠보짠(翦伯贊)
《중국사강요(中國史綱要)》

중앙에서 정신을 차릴 수가 없었지.

황건적이 사방팔방에서
맹렬한 공격을 퍼붓자
동한의 통치 집단은
크게 흔들렸고 조정 또한
크게 놀랐다.
군사과학원(軍事課學院)
《중국 군사 통사(中國軍事通史)》

각지의 관리들에게 알아서 사람을 구해서
불을 끄라고 명령할 수밖에 없었어

농민군을 막기 위해…
동한은 중요 지역의 자사들을
주의 목백으로 바꾸고…
주의 군정이라는
큰 권한을 주었다.
젠보짠(翦伯贊)
《중국사강요(中國史綱要)》

결국 '불'은 껐지만,

황건적의 주력군은
8~9개월의
격렬한 전투 끝에
궤멸당했고,
주요 우두머리들이
희생되었다.
바이서우이(白壽彝)
《중국통사강요(中國通史綱要)》

관리들의 힘이 커졌어.

주의 목백으로 바꾸고…
분산되어 있던
몇몇 할거 세력들이
지역을 중심으로
모이기 시작했다.
할거에 힘을 더 보태기
위해서였다.
졘보짠(翦伯贊)
《중국사강요(中國史綱要)》

동한의 자사, 목백, 태수들은
점차 지방 군벌로 발전했다.
바이서우이(白壽彝)
《중국통사(中國通史)》

겉으로는 동한의 신하인 척하면서

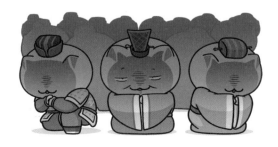

속으로는 모두 중앙의 상황을 주시했지.

주와 군의 관리들 역시
각자 세를 키워
동한 황조와
애매한 관계를 유지했다.
젠보짠(翦伯贊)
《중국사강요(中國史綱要)》

이때, 서북 군벌의 무식쟁이
동탁이 등장했어!

수도가 혼란에 빠지자
양주(涼州)의 장수 동탁이
때맞춰 병사들을 이끌고
수도에 도착했다.
뤼쓰미안(呂思勉)
《중국통사(中國通史)》

동한이라는 낡은 집이 곧 무너지려 하자

이때다 싶어 오자마자 한 방을 날렸고,

동탁이 조정에 들어온 지
얼마 되지 않아 황제를 폐하고
헌제를 옹립했으며,
대권을 자기의 손에 넣었다.
왕중뤄(王仲犖)
《위진 남북조사(魏晉南北朝史)》

완전히 무너뜨려 버렸지….

동한 제국의 생명이
그와 그의 호한[51] 병사들의
손에서 끊어졌다.
푸러청(傅樂成)
《중국통사(中國通史)》

각지의 '검은 세력'들에게는 때마침
좋은 핑곗거리가 생긴 셈이었고,

(동탁은) 동한의 조정을 모두
손에 넣었고… 주와 군의 목백들이
각자의 깃발을 꽂고
병사를 모으고 말을 사들여
동탁을 토벌하려 했다.
졘보짠(翦伯贊)
《중국사강요(中國史綱要)》

---

51) 호한(胡漢) : 한(漢)족과 유목민족이 섞임. – 역주.

10개의 부대가 위풍당당하게
'애국' 깃발을 달고 몰려왔어.

그들은 '반역자 처단',
'국난 극복'을 주장하며
동탁을 토벌하려 했다.
군사과학원(軍事課學院)
《중국 군사 통사(中國軍事通史)》

이게 바로 '관동군(關東軍)'이었지.

10개 지역의 제후들이 모두
관동 중원에 있어 역사에서는
이들을 관동군,
관동의 거병이라고 불렀다.
장따커(張大可)
《장따커 문집(張大可文集)·
삼국사(三國史)》

연합군은 사람은 많았지만,

관동 연합군의 숫자가
동탁군의 10배였다.
장따커(張大可)
《장따커 문집(張大可文集)·
삼국사(三國史)》

각자의 속셈이 다 달랐고,

관동 제후군은 동탁을
토벌한다는 명목을 내세웠지만
사실 각자 다른 꿍꿍이속이 있었다.

바이서우이(白壽彝)
《중국통사(中國通史)》

진심으로 나라를 구하고 싶다는 마음도 조금 있었지만,

이녀석!
내가 가만두지
않겠다!

세상에!
빨리
돌아와!

이참에 한몫 챙기려는 마음이 대부분이었어.

각 제후들은…
상황을 관망하며
세를 확장했다.

장따커(張大可)
《장따커 문집(張大可文集)》·
삼국사(三國史)》

세상에…

너무
충동적이야.

요즘
애들이란…

그래서 대군은 수도 코앞에서

북쪽은 원소와 하내 태수 왕광이
낙양 이북 하내군[52]까지 진출했고…
동쪽에서는 유대와 장막이…
수십만 명의 군사가 낙양 동쪽
산조[53]에 이르렀다… 남쪽에서는
원술이 낙양 이남
노양[54]에 진출했다.

군사과학원(軍事課學院)
《중국 군사 통사(中國軍事通史)》

멈춰 서버렸고…

각 주와 군의 장관들이
서로 다른 마음을 품고
시간을 끌며 힘을 아꼈다…
누구도 동탁군과
교전하려 하지 않았다.

바이서우이(白壽彝)
《중국통사(中國通史)》

매일 거기서 야식이나 먹고 콘서트나 열었지.
(어차피 아무도 제일 먼저 나서서 싸울 생각이 없었어.)

산조에 주둔한 군사들의
우두머리는 매일
큰 연회를 열었다.

바이서우이(白壽彝)
《중국통사(中國通史)》

---

52) 하내군(河內郡) : 지금의 허난성 친양(沁陽)시 지역. – 역주.
53) 산조(酸棗) : 지금의 허난성 옌진(延津)현 북쪽 지역. – 역주.
54) 노양(魯陽) : 지금의 허난성 루산(魯山)현 지역. – 역주.

아무도 구해주지 않은 가여운 어린 황제는

동탁 고양이에게 납치되어 서쪽으로 보내졌어….

동탁은 관동 연맹군의 엄청난 기세를 보고
헌제를 협박하고 낙양 백성들을 재촉해 장안[55]으로
수도를 옮겼다. (동탁) 자신은 낙양에
남아 관동군을 방어했다.

바이서우이(白壽彝) 《중국통사(中國通史)》

---

55) 장안(長安) : 지금의 산시(陝西)성 시안(西安). ─ 역주.

하지만 동탁 고양이가 서쪽으로 간 지
얼마 되지 않아
부대에 내분이 일어났고…

초평 원년(190년)…
산조의 군사들이
식량이 떨어져
뿔뿔이 흩어졌다.
《자치통감(資治通鑑)·
한기(漢紀) 51》

초평 2년(191년)… 4월,
동탁이 장안에 이르렀다.
《자치통감(資治通鑑)·
한기(漢紀) 52》

(동탁이) 조정에 대한 통제를 한층 더 강화했다…
잔인하게 죽임으로써 힘을 드러냈다… 사도(司徒) 왕윤(王允)과
많은 조정 관료들이 은밀히 준비해 그에게 대항했고,
병주의 군사 집단과는 분열이 생겼다. 그는 점점 고립되어 갔다.

동탁은 죽고 말았지….

오해하지 마…
사랑 문제 때문에
죽임당한 건 아니니까.

얼마 지나지 않아,
장안에 정변이 발생하고
동탁이 죽임을 당했다.
젠보짠(翦伯贊)
《중국사강요(中國史綱要)》

중원의 주인이 사라지자

한 헌제가 서쪽으로
수도를 옮기면서 중원에는
주인이 없었다.
장따커(張大可)
《장따커 문집(張大可文集)·
삼국사(三國史)》

군벌들은 완전히 이성을 잃어버렸고,

다들 전쟁 모드에 돌입했어.

제후들은
곧장 분열되어
싸우기 시작했다.
장따커(張大可)
《장따커 문집(張大可文集)·
삼국사(三國史)》

군웅할거[56]의 시대가 이렇게 열린 거지.

역사는 주(州)와 군(郡)의
할거 시대에 돌입했다.
왕커치(王克奇)
《산동 정치사(山東政治史)》

다들 땅 뺏기에 혈안이 되어 있을 때…

관동군 지휘부 내에서… 끊임없이 충돌이 발생했다.
먼저, 연주 자사 유대와 동군 태수 교모 사이에 마찰이 생겼고,
유배가 교모 세력을 합병한 뒤 부하 왕굉(王肱)을 보내
동군 태수를 대신하게 했다. 얼마 지나지 않아 원소도
귀주 목백 한복의 땅을 빼앗고 자신이 귀주 목백을 겸했다.
왕중뤄(王仲荦)《위진 남북조사(魏晉南北朝史)》

---

56) 군웅할거(群雄割據) : 수많은 영웅이 자신의 근거지를 차지한 채 세력을 다툼. – 역주.

나라를 구하겠다는 뜨거운 열정을 가진
한 고양이가 나타났어.

…(조조는) 청년 시절,
잘못된 일이나 악한 사람을
원수처럼 증오하고
권세가를 두려워하지 않았으며,
한 황실의 통치를
수호하려 애썼다.
송걸(宋傑)
《조조의 진류 기병 사적에 대한 고증
(曹操陳留起兵史迹考辨)》

그가 바로 조조(曹操) 고양이야!

조조가 진류에서
군사를 일으켜
제후들과 회합했다…
장막에게 분무장군(奮武將軍) 직을
대행하라는 명을 받았다.
장따커(張大可)
《장따커 문집(張大可文集)·
삼국사(三國史)》

조조

연합군들이 모두 파티를 열고 있을 때,

각각의 제후들은
동상이몽으로 매일 술을 마시고
연회를 열었고, 더는 나아가려
애쓰지 않았다.
장따커(張大可)
《장따커 문집(張大可文集)·
삼국사(三國史)》

조조 고양이는 가장 먼저
군대를 이끌고 가서 싸운 고양이었어.

나를
따르라!

조조 군은 홀로
깊숙이 침투해 형양[57]을
공격했다.
장따커(張大可)
《장따커 문집(張大可文集) ·
삼국사(三國史)》

지긴 했지만…

조조가 형양 변수(汴水)에
이르렀을 때, 동탁군과 마주쳐
대패하고 병사의 반이
죽거나 다쳤다.
조조 자신도 화살에 맞아
부상을 당했다.
바이서우이(白壽彝)
《중국통사(中國通史)》

미웬
아무도
안
도와주고!

하지만 그의 등장으로
동한 말기의 역사에
작은 물결이 일었어.

---

57) 형양(榮陽) : 지금의 허난(河南)성 정저우(鄭州)시 서쪽 지역. – 역주.

비바람이 흩날리던 동한 말기에
처참한 실패를 경험했던 조조 고양이가…

관동의 제후들이 동탁을
토벌하기 위해
병사를 일으키면서
동한 말기 군벌들의 대혼전이
시작되었다. 군웅이 생겨나고
동한의 통치가 무너지면서
사실상 동한은
유명무실해진 상태였다.
장따커(張大可)
《장따커 문집(張大可文集) ·
삼국사(三國史)》

끝까지 한나라를 구하려 노력했을까?

이어서 계속

편집자의 말 ◇◇◇◇◇◇◇◇◇◇◇◇◇◇◇◇◇◇◇◇◇◇◇◇◇◇◇◇

　　동한 초기, 지방 할거 세력들이 난을 일으키는 것을 막기 위해 조정에서는 지방에 무관을 줄이고 지방 군대도 없앴다. 하지만 동한 후기에 농민 봉기를 빠르게 진압하기 위해서 조정은 각 주에 목백을 세우고 병권을 부여했다. 농민 봉기는 진압했지만 지방에서 모병이 합법화됨에 따라 각지의 관리와 권세가들은 모두 군사를 모아 자기 힘을 키웠고, 이들은 중앙 정권에 직접적인 위협이 되었다. 관동군은 동탁 토벌을 명목으로 군사를 일으켰고 세 방향에서 낙양을 포위했다. 북쪽에는 왕광과 맹주 원소가 하내군에 주둔했고, 남쪽에는 원술이 노양에 주둔했으며, 나머지는 낙양 동쪽 산조에 주둔했다. 이들은 연합군의 주력군이었다. 그중에서 조조는 장막의 부하로서 동쪽에, 손견은 원술의 부하로서 남쪽에 주둔했다. 주력군은 수십만 명이었지만, 관동의 각 군은 한마음으로 협력하지 못했고, 해산한 뒤에는 오히려 공공연하게 서로 간에 합병하고 혼전을 거듭했다. 이로 인해 관중과 중원 일대는 '백골이 들판에 나뒹굴고, 천 리 안에 닭이 울지 않는'(조조 〈호리행(蒿里行)〉) 상황이었다. 동한은 이때부터 전례 없이 혼란스러운 분쟁의 시기를 겪게 되었다.

동탁 역 - 라면

조조 역 - 전병

참고 문헌 : 《삼국지(三國志)》, 《자치통감(資治通鑑)》, 저우구이뎬(周桂鈿) 《진한 사상사(秦漢思想史)》, 판원란(范文瀾) 《중국통사 약본(中國通史簡編)》 및 《중국사강요(中國史綱要)》, 바이서우이(白壽彝) 《중국통사(中國通史)》 및 《중국사강요(中國史綱要)》, 젠보짠(翦伯贊) 《중국사강요(中國史綱要)》, 뤼쓰미안(呂思勉) 《중국통사(中國通史)》, 푸러청(傅樂成) 《중국통사(中國通史)》, 군사과학원(軍事課學院) 《중국 군사 통사(中國軍事通史)》, 왕중뤄(王仲犖) 《위진 남북조사(魏晉南北朝史)》, 장따커(張大可) 《장따커 문집(張大可文集)·삼국사(三國史)》, 왕커치(王克奇) 《산동 정치사(山東政治史)》, 송제(宋傑) 《조조의 진류 기병 사적에 대한 고증(曹操陳留起兵史迹考辨)》

68

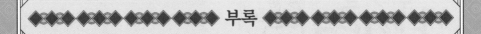
집콕 30년

동탁은 서쪽 장안으로 물러난 뒤 큰 보루를 짓고, 그 안에 30년 치의 식량을 저장해두었어. 만약 그가 전쟁에서 지더라도 그 보루 안에서 문을 걸어 잠그고 30년은 걱정 없이 살 수 있다는 뜻이었지.

외로운 재상

동탁이 재상이 된 후 원소나 원술, 장막 등 많은 사람을 자기편으로 만들려고 애썼지만, 그들 모두 동탁의 체면 따위에는 관심이 없었어. 곧장 사이가 틀어지지 않으면 얼마 가지 않아 사이가 틀어졌지….

자신의 재산으로 군대를 일으키다

조조는 가장 먼저 동탁을 토벌하러 간 사람이었어. 그때 함께했던 사람들이 조조의 첫 군대였는데, 이 사람들은 조조가 자기 집안의 재산을 모두 나눠주고 만든 의병군이었지.

야옹이들의 프로필

\<간장 삼 형제\>

우리는 간장 삼 형제,
이 학교를 접수할 고양이들이지!

형님! 오늘은
저 녀석들을 혼내러
가시죠!

너네
거기 딱 서봐!

응?

무슨
일이
라도?

괜찮아요.

아니…

\<간장 삼 형제 2\>

우리는 간장 삼 형제,
학교에 이렇게 무서운 사람이 있을 줄 몰랐군!

깜짝 놀랐잖아…

아직도 심장이
두근거려…

형님! 이번에는
저 고양이를
괴롭혀 볼까요?

펑!!

쾅!

아
…

이 학교를 접수하긴 쉽지 않겠는데…

으…

으…

70

전갈자리
생일 : 10월 31일
키 : 168cm
잘 못 하는 것 : 노래
가장 좋아하는 음료 : 맥주

(인간 만두 소개)

제 42 장

●

중원에서 정권을 다투다

황제는 이리저리 떠돌아다니는 신세고,

헌제 유협이 동탁에게
이끌려 장안으로
간 뒤에는 줄곧
떠돌이 신세였다.
바이서우이(白壽彝)
《중국통사(中國通史)》

군벌은 여기저기서 문제를 일으키는 상황.

유협(한 헌제) 재위 기간,
농민 봉기를 진압한
군벌들이 땅을 할거하고
서로를 공격했다.
판원란(范文瀾)
《중국통사 약본
(中國通史簡編)》

이게 바로 동한 말기의 모습이었어.

동한 말기,
군웅할거로 인해
나라가 갈기갈기 찢기고
백성들은 참혹하게
죽어갔다.
장따커(張大可)
《장따커 문집(張大可文集)·
삼국사(三國史)》

이렇게 다들 나라는 어찌 되든 말든
그저 자기 이득만 챙기던 그때,

통치 계급의 군벌들은…
황실의 통치권이 흔들리는
틈을 타 군사를 일으켜
권력을 잡으려 했다.
판원란(范文瀾)
《중국통사 약본(中國通史簡編)》

나라를 구해야겠다는 마음을 품은 고양이 한 마리가 있었지.

태조무(太祖武) 황제…
성은 조(曹)이고 이름은 조(操)였고,
자(字)는 맹덕(孟德)이었다.
《삼국지(三國志)·
무제기(武帝紀)》

(조조는) 곤경에 빠진
나라를 구해야겠다는 마음을
품었고, 스스로 모범이 되어
기울어진 한 황실을
구해야겠다고 생각했다.
장따커(張大可)
《장따커 문집(張大可文集)·
삼국사(三國史)》

그가… 바로 조조 고양이였어!

조조

조조 고양이는 태감[58]의 손자였어.

착하지.

조조의 조부는
조등(曹騰)으로
동한 말기 환관 집단 중
한 사람이었다.
바이서우이(白壽彝)
《중국통사(中國通史)》

그의 아빠가 누구 아들인지는
늘 미궁 속이었지만…

부친인 조숭(曹嵩)은
조등의 양아들이었다.
조숭의 출신은
당시 아는 이가 없었다.
바이서우이(白壽彝)
《중국통사(中國通史)》

묻지 마렴….

할아버지,
아빠는….

동한 시절,
나라는 일부 태감들에게 휘둘리고 있었어.

환관이 조정을 통제해
재난의 뿌리로 인식되었다.
팡스밍(方詩銘)
《조조의 출신과 원소,
조조의 정치 집단
(曹操起家與袁曹政治集團)》

---

58) 태감(太監) : 환관들의 우두머리. – 역주.

그래서 태감의 손자인 조조 고양이는

어려서부터 늘 손가락질을 받았지.

태감의 손자라니.
자기 할아버지랑 똑같아.
쟤 좀 봐···.
쟤도 나쁜 녀석이야.

조조는 환관 (집안)
출신이라는 이유로
일부 사람들에게
멸시받았다.
군사과학원(軍事課學院)
《중국 군사 통사
(中國軍事通史)》

이런 이유로, 조조는 어려서부터
자신을 증명해야겠다는 생각이 있었던 것 같아.

파이팅

스무 살이 되었을 때,
조조는 공무원 시험에 합격했고,

영제 희평(熹平) 3년(174년),
스무 살의 조조는
효렴[59]에 뽑혀 낙양에서
낭관[60]으로 일했다.
바이서우이(白壽彝)
《중국통사(中國通史)》

얼마 되지 않아 낙양의 북부위[61]가 되었어.

얼마 지나지 않아,
낙양 북부위에
임명되었다.
바이서우이(白壽彝)
《중국통사(中國通史)》

이는 수도 북부 경찰청장 정도 되는 자리였지.

백성을 위해 일하자.

---

59) 효렴(孝廉) : 효와 청렴함이 있는 자를 관리에 추천하는 찰거제 과목 중 하나. ─ 역주.
60) 낭관(郎官) : 각 관청에서 문서 관련 업무를 보던 관직. ─ 역주.
61) 북부위(北部尉) : 낙양성 북부의 치안을 담당하던 관직. ─ 역주.

성과에 목말랐던 열혈 청년 조조 고양이는
엄격하고 공정하게 법을 집행했어.

조조는
부임하자마자
금지령과 엄격한 법률을
선포했다.
바이서우이(白壽彝)
《중국통사(中國通史)》

황제의 친척이든, 아니든

금지령을
어긴 사람이라면
권세가도 피해갈 수
없었다.
《삼국지(三國志)·
무제기(武帝紀)》
배송지(裴松之) 주석
《조만전(曹瞞傳)》

죽여야 하면 죽였지….

모두 때려죽였다.
《삼국지(三國志)·
무제기(武帝紀)》
배송지(裴松之) 주석
《조만전(曹瞞傳)》

조조의 관리하에

*Go die : '죽었다'라는 뜻.

아무도 감히 말썽을 피우지 못했어.

수도에는
사람들이 종적을 감췄고,
감히 금지령을
범하는 사람이 없었다.
《삼국지(三國志)·
무제기(武帝紀)》
배송지(裴松之) 주석
《조만전(曹瞞傳)》

이런 무모한 조조를…

백성들은 매우 추앙했지만,

> (조조가) 제남[62] 재상을
> 맡았을 때, 600여 개의
> 악신을 모시는 사당을
> 허물어버렸고,
> 백성들의 지지를 받았다.
> 판원란(范文瀾)
> 《중국통사(中國通史)》

탐관오리들은 그가 싫어 치를 떨었고,

> (조조는) 지방 세력들의
> 미움을 샀다.
> 《삼국지(三國志)·
> 무제기(武帝紀)》
> 배송지(裴松之) 주석
> 《조만전(曹瞞傳)》

수단과 방법을 가리지 않고 중앙에 그를 험담했지.

---

62) 제남(濟南) : 산둥(山東)성의 수도. – 역주.

이런 정치적 환경 때문에 조조는 이 황조에 대해
다시 한번 곰곰이 생각해보게 되었어….

당시는 동한 정치계가
가장 암울했던 시기였고,
조조는 권세가들의 비위를
맞추려고 하지 않고
병을 핑계 삼아 고향으로
돌아갔다. 봄, 여름에는
책을 읽고, 가을, 겨울에는
사냥하며 잠시 은둔했다.
바이서우이(白壽彝)
《중국통사(中國通史)》

몇 년 동안 몸을 낮추고 때를 기다린 끝에…
조조 고양이는 전군교위(典軍校尉)에 임명되었어.

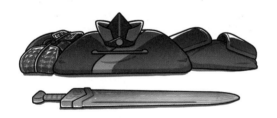

태조를
전군교위로 삼았다.
《삼국지(三國志)·
무제기(武帝紀)》

황실 경비부대의 부대장과 같은 자리였지.

그때쯤부터
조정이 혼란스러워지기 시작했어….

나라에
큰 소란이 일어났다…
동탁이 황제를 폐하고
홍농왕으로 강등하고
헌제를 세웠다.
수도가 큰 혼란에
빠졌다.

《삼국지(三國志)·
무제기(武帝紀)》

황제는 협박당하고,

대군이 동탁을
토벌하려 했다…
황제를 통제하고
자신이 명령을 내려
시행하게 했다.

판원란(范文瀾)
《중국통사(中國通史)》

중원에서 정권을 다투다

군벌은 서로 싸워댔지.

중원이 군웅할거의 혼전 국면에 돌입했다.
송계(宋傑)《조조의 천하 쟁탈전 병력 배치와 작전 방향의 변화
(曹操逐鹿中原兵力部署與作戰方向的改變)》

나라가 완전 엉망진창이 된 거야….

나라에 분쟁이 생겨
갈기갈기 찢어졌다.
군사과학원(軍事課學院)
《중국 군사 통사
(中國軍事通史)》

그래서 조조 고양이 앞에 놓인 선택지는
단 두 가지뿐이었지.

하나는 이 상황에 개입하지 않고,
고향으로 돌아가 농사나 짓는 것이었어.

조조는 한 황실의
정통적 지위를 지키고
국가의 통일을 도모했지만
이를 이룰 힘이 없었다.
그는 할거에
참여하지 않았다….
군사과학원(軍事課學院)
《중국 군사 통사(中國軍事通史)》

하지만 그렇게 되면 나라를 구하기는커녕
본인이 언제, 어떻게 죽을지도 모를 일이었지.

…살 곳이 없었다.
군사과학원(軍事課學院)
《중국 군사 통사
(中國軍事通史)》

중원에서 정권을 다투다

다른 하나는 칼을 들고 나가 싸우는 것이었어.

할거에 참여했다….
군사과학원(軍事課學院)
《중국 군사 통사
(中國軍事通史)》

자신의 세력을 키우면
나라를 구할 수도 있으니까.

…오히려 할거,
합병, 통일이라는
새로운 길을 갈 수도
있는 일이었다.

군사과학원(軍事課學院)
《중국 군사 통사
(中國軍事通史)》

고민 끝에
조조 고양이는 싸우기로 결심했어!

이런 상황에서
조조는 태도를 바꾸어
할거의 물결 속으로
몸을 던졌다.
군사과학원
(軍事課學院)
《중국 군사 통사
(中國軍事通史)》

결정했어!
저들을
혼내주자!

하지만…
군대랑 지내야 할 곳은 어떻게 구한담….

마침 나라가 혼란스럽고

동탁이 서쪽으로 수도를 옮기고 동쪽의 제후들이 혼전을 시작했다.
하북(河北), 산동(山東)의 황건적도 형국을 틈타 일어났다.
장따커(張大可) 《장따커 문집(張大可文集)·삼국사(三國史)》

백성들이 너도나도 봉기를 일으켰고

황건적의 난이 일어났다…
황건적이 청주에서
소동을 일으키고
연주를 공격했으며
자사 유대를 죽였다.

푸러청(傅樂成)
《중국통사(中國通史)》

조조 고양이는 봉기 진압을 도우라는 명을 받았어.

포신(鮑信)… 등이
동군으로 가서 태조를
맞이해 연주 목백을 맡겼다.
태조는 수장[63]현 동쪽의
황건적을 공격했다.

차오원주(曹文柱)
《백화 삼국지(白話三國志)》

알았어!
기다려!

여기서 알아야 할 것은, 당시 백성들은
모두 어쩔 수 없이 반란을 일으킨 거라는 점이야.

형님, 오후엔
어떻게 싸워요?

그게…

농민들은 도저히
살길이 없었다…
어쩔 수 없이 반란의 깃발을
들고 사람을 모아
봉기를 시작한 것이다.

판원란(范文瀾)
《중국통사(中國通史)》

---

63) 수장(壽張) : 산둥(山東)성 랴오청(聊城)시 양구(陽谷)현 지역. - 역주.
64) 연주(兗州) : 지금의 산둥(山東)성 지닝(濟寧)시 내 지역. - 역주.

사실 그들의 가장 큰 꿈은 그저 농사나 짓는 것이었어.

게다가 그들은 조조 고양이의 업적에
존경심이 있었지.

청주군이 조조에게
편지를 보내 말하길
"당신이 예전에 제남에서
사당을 부숴버렸을 때의
정신과 우리 황건군의
이치가 서로 같습니다."

류춘판(柳春藩)
《삼국사화(三國史話)》

이런 상황에서
조조 고양이는 한편으로는 그들을 혼내주면서도

조조는
황건적의 편지로
그들에게 싸울 의지가 없고,
자신을 꽤 존경한다는
사실을 알았다.
그는 군사적 공격을
주로 하되…

판원란(范文瀾)
《중국통사(中國通史)》

다른 한편으로는 그들을 달랬어…

…부가적으로는
항복을 권유했다.
판원란(范文瀾)
《중국통사(中國通史)》

백성 봉기군들이
조조 고양이를 어떻게 당해내겠어…

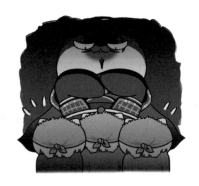

유능한 지도자가 부족했던
청주의 황건적이 어찌 조조를
상대할 수 있었겠는가.
판원란(范文瀾)
《중국통사(中國通史)》

결국 항복한 봉기군 30만 명이
조조 고양이의 군대로 흡수되었지.

그들(황건적)은
무기를 버리고 투항했다.
조조는 이 농민군에서
청장년 30만 명을
선별했다.
판원란(范文瀾)
《중국통사(中國通史)》

이게 바로 그 유명한 청주군(靑州軍)이야.

…'청주군'이라 불렀다.
이때부터 청주군은
조조 군의 근간이 되었다.

판원란(范文瀾)
《중국통사(中國通史)》

청주군을 얻은 조조 고양이는
이 기회에 남방으로 세력 확장을 시도했고,

조조가 연주를 점령하고…
동쪽으로 가 서주(徐州)를
정벌했다… 정벌하는 동안
연주에서 반란이 일어났다…
조조는 연주를 보호하는
작전을 펼쳤다… 조조가 연주를
되찾았다… 승리의 기세를
몰아 남방의 예주를
공격했다.

군사과학원(軍事課學院)
《중국 군사 통사(中國軍事通史)》

---

65) 예주(豫州) : 지금의 후베이(湖北)성, 후난(湖南)성 부근 지역. – 역주.

4년이 지나고 동한 13개 주 중에서
연주와 예주를 손에 넣는 데 성공했어.

조조가 처음에는
병력이 많지 않고
근거지가 없었지만,
5년이 채 되지 않아
연주와 예주 대부분을
할거했다.
군사과학원(軍事課學院)
《중국 군사 통사(中國軍事通史)》

두 개의 성을 근거지로 삼고
수십만의 군대를 얻은 조조 고양이는…

조조는… 하남의
연주와 예주 2개 주를
점령했다.
장따커(張大可)
《장따커 문집(張大可文集)·
삼국사(三國史)》

30만 청주군을 재편했다.
판원란(范文瀾)
《중국통사(中國通史)》

아무것도 가진 게 없던 외톨이 장수에서
떠오르는 샛별로 변신했지.

조조는
강력한 세력을 가진
대군벌이 되었다.
판원란(范文瀾)
《중국통사(中國通史)》

동한 말기 군웅할거 판에
정식으로 참여하게 된 거야.

(조조의) 군대는
이때부터 완전히 새로워졌고,
중원 쟁탈전에 참여하는
강력한 군대 중
하나가 되었다.

송제(宋傑)
《조조의 천하 쟁탈전 병력 배치와
작전 방향의 변화
(曹操逐鹿中原兵力部署
與作戰方向的改變)》

수많은 강력한 적들이
기회를 엿보는 이 난세를
그는 어떻게 헤쳐 나가야 할까?

하북에는 원소,
남방에는 형주의 유표,
동방에는 서주의 여포,
동남방에는 회남의 원술,
서방 관중에는 마등(馬騰)과
한수가 있었다….

장따커(張大可)
《장따커 문집(張大可文集)·
삼국사(三國史)》

이어서 계속

예로부터 지금까지, 조조의 이미지에 대해서 항상 논쟁이 있었다. 《삼국지 (三國志)》, 《자치통감(資治通鑑)》 등의 사료와 많은 역사학자가 만들어낸 역사 적 이미지가 있다. 예를 들어 젠보짠이 예전에 〈광명일보〉에서 발표한 '우리는 조조의 명예를 회복시켜야 한다'라는 글에서 그는 조조를 일류 정치가이자 군 사가, 시인이라고 칭찬하며, 그의 뛰어난 공적을 긍정적으로 평가했다. 하지만 《삼국연의(三國演義)》로 대표되는 일부 작품에서는 문학적 이미지를 만들어냈 다. 그들은 촉한 정권을 정통으로 보고 조조를 비하하는 태도를 보인다. 문학과 희극 작품이 조조를 악역, 간신으로 묘사하면서 조조는 사람들의 마음속에 난 세의 간사한 영웅으로 깊이 각인되었다. 심지어 '악인 조조'는 특정 사람들을 상 징하는 용어가 되었다. 하지만 역사적 측면에서 봤을 때, 조조가 북방을 통일하 고 경제를 발전시켰으며, 정치를 개혁하고 한 말기 북방 사회에 공헌했다는 것 은 부정할 수 없는 사실이다. 문학적 이미지로 조조를 독단적으로 평가하는 것 은 적절하지 않다.

조조 역 - 전병

참고 문헌 : 《삼국지(三國志)》, 바이서우이(白壽彝) 《중국통사(中國通史)》, 푸러청(傅樂成) 《중국통사(中國通史)》, 판원란(范文瀾) 《중국통사 약본(中國通史簡編)》 및 《중국통사(中 國通史)》, 장따커(張大可) 《장따커 문집(張大可文集)》·삼국사(三國史)》, 팡스밍(方詩銘) 《조 조의 출신과 원소, 조조의 정치 집단(曹操起家與袁曹政治集團)》, 군사과학원(軍事課學院) 《중국 군사 통사(中國軍事通史)》, 송졔(宋傑) 《조조의 천하 쟁탈전 병력 배치와 작전 방향 의 변화(曹操逐鹿中原兵力部署與作戰方向的改變)》, 차오원주(曹文柱) 《백화 삼국지(白 話三國志)》, 류춘판(柳春藩) 《삼국사화(三國史話)》

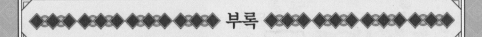

시인 조조

조조는 문학적인 조예도 깊었어. 총 20여 편의 악부시[66]와 수십 편의 글이 전해 내려오고 있는데, 그중 "노기복력, 지재천리[67]"라는 말처럼 사람들이 잘 아는 명언도 있어.

골수팬

조조는 《손자병법(孫子兵法)》의 광팬이었어. 그는 이 책을 수도 없이 읽고 또 연구했고, 자신의 실전 경험을 결합해 주석까지 만들어 달았지. 이를 정리해 낸 책이 《손자약해(孫子略解)》야.

행운 1등급

조조는 싸움도 잘했지만, 운도 정말 좋았어. 전쟁에서 불리해져서 군대를 철수시킬 때, 정면으로 마주친 적군이 그를 알아보지 못해서 그가 도망가는 것을 그냥 지켜본 적도 있었지.

---

66) 악부시(樂府詩) : 한시(漢詩) 형식의 하나. 인정이나 풍속을 읊은 것으로 글귀에 장단이 있다. ─ 역주.
67) 노기복력, 지재천리(老驥伏櫪, 志在千里) : 늙은 준마(駿馬)가 세상에 쓰이지 못하고 마구간에 누워 있으나, 아직 천 리를 달릴 뜻을 버리지 않는다. ─ 역주.

야옹이들의 프로필

<비밀 통화>

<비밀 거래>

전병

물고기자리
생일 : 3월 3일
키 : 182cm
잘 못 하는 것 : 게임
가장 좋아하는 음료 : 밀크
셰이크

(인간 전병 소개)

춘분

제 43 장

●

떠오르는 스타, 조조

서기 190년, 낙양에 큰불이 났어.

초평 원년(190년), …
동탁이 낙양에 주둔하며
황궁을 불태웠다.
《삼국지(三國志)·
무제기(武帝紀)》

어린 황제는 납치당해 수도를 비운 상태여서

(동탁이) 황제를 데리고
장안으로 수도를 옮겼다.
《삼국지(三國志)·
무제기(武帝紀)》

나라는 큰 혼란에 빠졌지.

동한 말기, 군웅할거로 인해
나라가 갈기갈기 찢기고
백성들은 참혹하게 죽어갔다.
장따커(張大可)
《장따커 문집(張大可文集)·
삼국사(三國史)》

각 지방의 무장 세력들이 서로 싸워대면서

군벌들이 혼전을
시작했다.
푸러청(傳樂成)
《중국통사(中國通史)》

나라는 분열되어 할거 상태에 놓이게 되었어.

동탁이 헌제를 데려간 뒤
동방의 주와 군은…
이 틈을 타 땅을 할거했다.
뤼쓰미안(呂思勉)
《삼국사화(三國史話)》

바로 이때, 한 고양이가 나타나서…
동한 최후의 희망이 되었지.

…곤경에 빠진 나라를
구해야겠다는 마음을 품었고,
스스로 모범이 되어
기울어진 한 황실을
구해야겠다고 생각했다.
장따커(張大可)
《장따커 문집(張大可文集)·
삼국사(三國史)》

맞아, 그게 바로 조조 고양이야.

태조무(太祖武) 황제는
패국(沛國) 초[68]현 사람이다.
성은 조(曹)에 이름이 조(操)였고,
자(字)는 맹덕(孟德)이었다.

《삼국지(三國志)·
무제기(武帝紀)》

당시 조조는 한 황실을
부활시키려는 마음이 있었다.
장따커(張大可)《장따커 문집(張大可文集)·
삼국사(三國史)》

이 혼란 속에서 조조 고양이는
빠르게 2개의 주를 손에 넣었고,

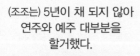

(조조는) 5년이 채 되지 않아
연주와 예주 대부분을
할거했다.
군사과학원(軍事課學院)
《중국 군사 통사(中國軍事通史)》

30만 봉기군도 거느리게 되었어.

조조는… 황건적을 격파했다.
항복한 군인 30만여 명의
병사와 100만여 명의
백성을 얻었다. 조조는 그중에서
정예군을 뽑아 군대를 재편하고
'청주군'이라 불렀다.
바이서우이(白壽彝)
《중국통사(中國通史)》

68) 초(譙) : 지금의 안후이(安徽)성 보(亳)주 챠오청(譙城)구 지역. – 역주.

그렇게 천하를 제패할 수 있는 새로운 힘을 갖게 된 거지!

조조라는 새로운 세력이
갑자기 나타났다.
바이서우이(白壽彝)
《중국통사(中國通史)》

▶ 하지만 문제는… ◀

이 30만 농민 봉기군에게는

군대와 함께하는 100만이 넘는
가족들이 있었다는 거야….

태조(조조)는 항복한 군인
30만여 명과 그들의 식솔
100만여 명을 얻었다.
차오원주(曹文柱)
《백화 삼국지(白話三國志)》

게다가 농사를 지을 소와
도구들까지 가지고 있었어.

음매

노동력, 소, 농기구들은
황건적을 진압하며
얻은 것이었다.
장뤼펑(張履鵬), 궈춘셴(郭春顯)
《양한 명전제도의 흥망
(兩漢名田制的興衰)》

동한 말기, 나라가 혼란에 빠졌다…
땅은 황폐해지고 식량은 부족해졌다…
군벌들의 혼전이 점차 격렬해져
전쟁 중에 식량이 떨어지는 상황이
자주 발생했다. 조조도 같은 위기에
처한 적이 있었다… 이 수많은
유랑민을 어떻게 정착시키느냐가
조조의 눈앞에 놓인 가장
중요한 문제였다.
쉬후이(許輝), 츄민(邱敏)
《강소통사(江蘇通史)·위진남북조 권
(魏晉南北朝卷)》

이렇게 많은 사람을…
어떻게 먹여 살린담?

으…

당시에는
온 나라가 큰 혼란에 빠진 상태였고,

又한

황건적이 봉기한 후,
사실상 동한 정권은 농민 봉기를
진압하는 과정에서 강대해진
각각의 무장 집단들에 의해
분산되어 유명무실해졌다.
린젠밍(林劍鳴)《진한사(秦漢史)》

여기저기 전쟁이 일어나고 있었지.

각각의 무장 집단들은…
서로 땅을 빼앗느라 오랜 기간
혼전을 거듭했다.
린젠밍(林劍鳴)《진한사(秦漢史)》

백성들은 사실 반란을 일으킨 게 아니라,

농민들은…
사람을 모아 봉기를
시작한 것이다.
판원란(范文瀾)
《중국통사(中國通史)》

반란을 일으킨 사람들에게 끌려간 거야….

힘 있는 지주들은…
자신이 부리던 농민 중에
장정들을 뽑아
사병을 조직했다.
바이서우이(白壽彝)
《중국통사(中國通史)》

농사지을 사람이 없어서 빈 땅이 넘쳐나자

당시, 농업은 참혹하게 파괴되어 있었고, 전란으로 수많은 토지가
황폐되었으며, 수많은 사람이 떠돌이 신세가 되었다.
군사과학원(軍事課學院) 《중국 군사 통사(中國軍事通史)》

조조 고양이는 둔전(屯田) 제도를 시행하기로 했어.

건안(建安) 원년(196년)…
둔전제를 시행했다.
《삼국지(三國志)·
무제기(武帝紀)》

둔전이란, 주인 없는 땅을 사람들에게
나눠주고 농사를 짓게 한 뒤

주인을 잃은 연주, 예주의 수많은
논밭이 공전(公田)이 되었다…
조조는… 유랑민들을 모아
허도[69] 일대의 공전에서
둔전을 경작하게 했다.
군사과학원(軍事課學院)
《중국 군사 통사(中國軍事通史)》

농사지은 식량 중 반은 상납하고,
나머지 반은 백성들이 가지는 것이었어.

둔전에서… 수확한 것은
국가와 나눴다… 관아의 소를
사용하는 자는 관아 6,
백성 4의 비율로, 자기 소를
사용하는 자는 관아와 백성이
반씩 나눴다.
장뤼펑(張履鵬), 궈춘셴(郭春顯)
《양한 명전제도의 흥망
(兩漢名田制的興衰)》

그래서 병사들은 평소에는 농사를 짓고,

둔전은
병사들이 경작했다.
장뤼펑(張履鵬), 궈춘셴(郭春顯)
《양한 명전제도의 흥망
(兩漢名田制的興衰)》

---

69) 허도(許都) : 지금의 허난(河南)성 쉬창(許昌)시 지역. – 역주.

전시에는 전쟁에 참여했지.

전쟁에 나가면서
농사도 지었다.
장뤼펑(張履鵬), 궈춘셴(郭春顯)
《양한 명전제도의 흥망
(兩漢名田制的興衰)》

이 방법으로
조조 고양이는 유랑민 문제를 해결했을 뿐만 아니라

조조는 계속 유랑민들을 불러 모아 이주시키며, 농업을 장려하고,
수도 시설을 지었으며, 호적을 확인하는 등의 방식으로
거주민 명부를 작성해 농업을 회복시켰다.
바이서우이(白壽彝) 《중국통사(中國通史)》

자신의 힘도 크게 키울 수 있었어!

> 조조는 둔전을 통해
> 안정적인 식량원을 개척했다…
> 조조가 전쟁을 치를 때 든든한
> 물질적 기초가 되었고,
> 조조의 약점을 강점으로 만든
> 중요한 요소였다.
> 군사과학원(軍事課學院)
> 《중국 군사 통사(中國軍事通史)》

하지만 아무리 조조 고양이가 힘이 세다고 해도,

결국은 태감의 손자였지….

태감
손자

> (조조의) 조부 조등이
> 대환관이었고,
> 부친 조숭은
> 조등의 양아들이었다.
> 군사과학원(軍事課學院)
> 《중국 군사 통사(中國軍事通史)》

출신을 중요하게 생각하던 동한 시대에

전통적인 관념상, 환관은… 사회에서 가장 비천하고 불결한 범죄자들의
'전과' 같은 것이었고, 역사적으로 사람들에게 멸시받았다…
특히 사대부들에게 이는 여전히 혐오스러운 '전과'였고,
그들 혹은 그들의 핏줄과 어떤 일을 함께하는 것은 수치였다.
마량화이(馬良懷)《조조의 열등감과 초월(曹操的自卑與超越)》

조조 고양이의 출신은 인재들을
불러 모으는 데에 전혀 도움이 되지 않았어….

조조는 '췌엄유추'[70]에
속한 사람이었다.
대환관 가정 출신의 조조는
처음에는 특별한 호소력을
가진 인물이 아니었다.
팡스밍(方詩銘)
《조조의 충주 안정화와 원소,
조조의 관계
(曹操安定充州與曹袁關係)》

---

70) 췌엄유추(贅閹遺醜) : 환관 자식의 더러운 자취를 잇는다는 뜻으로 조조를 비하한 말. – 역주.

어쩌지?

다들 납치된 어린 황제 아직 기억하지?

헌제 유협이
동탁에게 이끌려
장안으로 간 뒤에는
줄곧 떠돌이 신세였다.
바이서우이(白壽彝)
《중국통사(中國通史)》

맞아,
아무 힘도 없는 바로 그 헌제 말이야.

한 헌제 유협은
동탁이 키운 꼭두각시였고,
황제라는 이름만 있을 뿐
실상은 그렇지 않았다.
장따커(張大可)
《장따커 문집(張大可文集)·
삼국사(三國史)》

비록 나라는 어지럽지만,
어쨌든 공식적으로는 헌제가 아직 이 나라의 황제잖아!

살려줘!

전란 중 통일을 꿈꿨고,
통일의 상징은 한 헌제였다.
군사과학원(軍事課學院)
《중국 군사 통사(中國軍事通史)》

이렇게 도덕과 정의가 사라진 난세에

빨리
뺏어라!

어쩌라고!

조조 고양이가 할 일은
도덕적으로 높은 위치에 올라갈 방법을 찾는 거였어.

(조조는) 전쟁에서
진한의 깃발을
들기로 결심했다…
대의를 지켜 인재를
모으려 한 것이다.
군사과학원(軍事課學院)
《중국 군사 통사(中國軍事通史)》

그래서 그는 둔전 제도를 시행하기 전에
어린 황제를 모셨고,

건안 원년 봄 정월…
태조가 황제를 맞이했다.
《삼국지(三國志)·무제기(武帝紀)》

…건안 원년에 (둔전이)
풍작을 거뒀다. "이에
따라 이후 밭을 넓혔다"
라는 말에서 '이후'라는 말은
건안 원년 이후를 말한다.
[주석 - 조조가 헌제를 맞이한 이후
공식적으로 대규모 둔전을 추진했다.]

마즈제(馬植傑)
《위나라 둔전 창시 시기와
관련 문제에 대한 논의
(論曹魏屯田的創始時間及有關問題)》

동한의 마지막 상징을 지켰지.

황제가 있으니

조조가 헌제를
허창으로 옮기게 한 후에
군사과학원(軍事課學院)
《중국 군사 통사(中國軍事通史)》

조조 고양이의 진영이
곧 새로운 중앙이 되었어.

(조조는) 종묘사직을 세우고,
예법을 부활시켰으며,
대권은 홀로 독점했다…
조조는 이때부터 보통의
할거자에서 동한 정부의
실질적 리더로 부상했다.
군사과학원(軍事課學院)
《중국 군사 통사(中國軍事通史)》

수많은 인재가 너도나도
그에게 이력서를 보냈지.

많은 사대부가 멀리서 찾아와
조조에게 머리를 조아렸다.
젠보짠(翦伯贊)
《중국사강요(中國史綱要)》

게다가 이런 난세에
황제의 깃발을 든 조조 고양이는…

조조는 황제의 이름을 빌려
자신의 지위를 높였다.
바이서우이(白壽彝)
《중국통사(中國通史)》

누구를 공격해도 다 정의로워 보였어.
(한마디로 횡재한 거지.)

북방 통일을 위한 조조의 전쟁은
이로 인해 합법적이고 정의로운
후광을 가지게 되었다.
군사과학원(軍事課學院)
《중국 군사 통사(中國軍事通史)》

평판, 땅, 군대까지 모두 가진 거야.

---

71) 봉천자이령불신(奉天子以令不臣) : 천자를 받들어 신하가 되기를 거부하는 자들을 호령한다. – 역주.

조조 고양이의 전투력은 폭발적으로 강해졌고,

> (조조는) 빠르게
> 하남 지역을 합병하고
> 관중의 할거자들의
> 항복 의사를 얻었다.
> 그의 세력은 아주 빠르게
> 장강(長江) 이북의
> 광활한 땅까지 퍼졌다.
>
> 멍샹차이(孟祥才)
> 《순욱론(論荀彧)》

단숨에 강력한 북방 세력이 되었어.

> 건안 2년(197년)
> 정월에서부터 3년 2월까지…
> (조조는) 황하 이남 지역을
> 모두 통일했고,
> 주 단위 이상의 큰 세력을
> 가지게 되었다.
>
> 군사과학원(軍事課學院)
> 《중국 군사 통사
> (中國軍事通史)》

조조 고양이는
순조롭게 더 나아갈 수 있었을까?

아니.
북방에는 또 다른 큰 군벌이 있었어.

…동한 후기에
권세가 대단한
명문가 출신으로…
당시 북방에서 가장
큰 세력을 가진 사람,
조조가 북방을
통일하는 데에
가장 큰 적수였다.

바이서우이(白壽彝)
《중국통사(中國通史)》

그게 누구냐고?

이어서 계속

초평 3년(192년), 조조의 신하가 '황제를 모시는 것'과 '농업을 다듬는 것'을 건의했다. 하지만 당시는 전쟁이 빈번하게 일어나고 있어서 이를 시행할 조건이 갖춰지지 않았다. 《삼국지(三國志)》 기록에 따르면, 조조는 건안 원년에 둔전을 시작했고("그해에… 둔전 제도를 시행했다."), 같은 해 9월쯤에 황제를 허도로 모셨다("9월, 황제의 가마는 환원(轘轅)을 나와 동쪽으로 향했다."). 한 정권이 이미 무너졌지만 혼란스러운 상황 속에서 헌제는 여전히 도덕과 정의를 대표했다. 헌제가 있는 것이 곧 '정통성'이 있는 것이었다. 그래서 헌제만 있으면 한 황실을 섬기는 사대부들을 최대한 회유할 수 있었다. 조조가 황제를 모신 뒤, 피난을 갔거나 유랑하던 사대부들은 아니나 다를까 잇달아 조조 진영에 찾아왔다("자신의 사회적 명망을 이용해 그의 상황을 안정시켰다." 젠보짠(翦伯贊) 《중국사강요(中國史綱要)》) 사대부들은 조조의 힘을 빌려 할거를 멈추고 한 황조의 부흥을 꿈꿨다. 예를 들어 유명한 모사였던 순욱은 조조가 황제를 모신 것에 대해 강한 지지를 보내며 수차례 조조를 위해 현명한 인재들을 추천했다. 안타깝게도 한 황실은 이미 기울어 되돌릴 수 없는 상태였고, 조조도 결국에는 분열의 길로 들어섰다.

조조 역 - 전병

참고 문헌 : 《삼국지(三國志)》, 푸러청(傅樂成) 《중국통사(中國通史)》, 뤼쓰미안(呂思勉) 《중국통사(中國通史)》, 바이서우이(白壽彝) 《중국통사(中國通史)》, 장따커(張大可) 《장따커 문집(張大可文集)·삼국사(三國史)》, 군사과학원(軍事課學院) 《중국 군사 통사(中國軍事通史)》, 차오원주(曹文柱) 《백화 삼국지(白話三國志)》, 젠보짠(翦伯贊) 《중국사강요(中國史綱要)》, 장뤼펑(張履鵬), 궈춘셴(郭春顯) 《양한 명전제도의 흥망(兩漢名田制的興衰)》, 쉬후이(許輝), 츄민(邱敏) 《강소통사(江蘇通史)·위진남북조 권(魏晉南北朝卷)》, 젠밍(林劍鳴) 《진한사(秦漢史)》, 마량화이(馬良懷) 《조조의 열등감과 초월(曹操的自卑與超越)》, 팡스밍(方詩銘) 《조조의 충주 안정화와 원소, 조조의 관계(曹操安定充州與曹袁關係)》, 마즈제(馬植傑) 《위나라 둔전 창시 시기와 관련 문제에 대한 논의(論曹魏屯田的創始時間及有關問題)》, 멍샹차이(孟祥才) 《순욱론(論荀彧)》

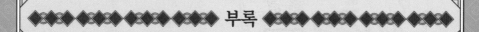
물귀원주[72]

조조가 헌제에게 살림살이를 마련해
줄 때, 이 물건들은 황실에서 나온 것
이고, 자신은 그저 원래 주인에게 돌
려주는 것뿐이라고 거짓말을 했어. 가
난한 황제의 체면을 많이 생각해준 행
동이었지. 황제도 매우 기뻐했어.

헌제를 납치하다

전쟁으로 식량이 부족해졌을 때, 조
조는 "여기는 먹을 게 없어, 내가 있
는 데로 가서 맛있는 거 먹자"라는
식으로 헌제를 유혹했고, 결국 그
밥에 넘어간 헌제는 조조에게서 벗
어날 수 없게 되었어.

농사 중독

조조가 둔전 제도를 시행했을
때, 모든 군인이 농사에 푹 빠져
버렸어. 한번은 적군이 본진으
로 쳐들어왔는데 정작 군인들
은 밀을 수확하고 있었지. 하마
터면 큰일 날 뻔했어.

웬 난리야!
밀 수확이
아직 안
끝났다고!

72) 물귀원주(物歸原主) : 물건이 원래 주인에게 돌아가다. - 역주.

야옹이들의 프로필

<비행기 타기 1>

비행기 타니 흥분돼?

와, 드디어 비행기 탄다!

《登机口》

우리 집 전용기만 타봤거든.

많은 사람과 비행기를 타는 건 처음이야.

하하, 그래?

친구끼리 비행기 타니까 더 신난다!

이 많은 경호원은 다 못 알아보는 거야?

<비행기 타기 2>

무!?

저기요, 에스메랄다 커피 한잔 부탁해요!

일반 비행기에 그런 고급 커피가 있겠어?

이 녀석은 무슨 생각을 하는 거야?

진짜 있네?!

감사합니다.

네, 잠시만 기다려 주세요.

도련님이 갑자기 커피를 드신다고 한다! 빨리 준비하라! 보안 유지!

수신 완료!

120

사자리
생일 : 8월 15일
키 : 179cm
잘 못 하는 것 : 물건값 깎기
가장 좋아하는 음료 : 샴페인

(인간 꽃빵 소개)

제 44 장

•

원소와 조조가 맞붙은 관도대전

동한 말기에 나라가 큰 혼란에 빠지고

동한 말기에 나라가 큰 혼란에
빠지고… 백성들은 정처 없이
떠도는 신세가 되었다.
바이서우이(白壽彝)
《중국통사(中國通史)》

각 지역의 강호들이
서로 싸우기 시작했어.

지방 세력들은… 공개적으로
미친 듯이 전쟁했고,
암울했던 동한 후기의 사회는
유례없이 파괴된 분열의 시대에
진입했다.
판원란(范文瀾)
《중국통사(中國通史)》

그렇게 한나라 땅에 크고 작은
할거 세력들이 생겨난 거야.

각지의 지방 세력들은
각자 무장 세력을 조직하고
성벽을 세웠으며 땅을 점거했다.
이렇게 크고 작은 할거 세력들이
생겨났다.
판수즈(樊樹志)
《국사 개요(國史槪要)》

---

73) 유장(劉璋) : 한 황실의 종친이었던 유언(劉焉)의 아들. – 역주.
74) 유표(劉表) : 후한 말기의 정치인. – 역주.
75) 손견(孫堅) : 후한 말기의 무인. – 역주.

그중 조조 고양이가 황제를 손에 넣은 뒤

조조는… 직접 병사들을 이끌고
한 헌제를 맞이해
영주[76]의 허창으로 모셨다.

판원란(范文瀾)《중국통사(中國通史)》

정의의 깃발을 앞세웠고,

(조조는) 한 헌제의 이름으로
명을 내리고 실행시켰으며,
정치적으로도 주도권을
가지고 있었다.

판원란(范文瀾)《중국통사(中國通史)》

빠르게 황하 남쪽 지역도 함락시켰어.

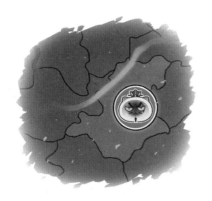

조조는 황제의 이름을 빌려
자신의 지위를 높였고,
하남의 큰 땅을 빼앗았다.
관중의 할거 세력들도
잇달아 항복을 선언해
그 세력이 매우 빠르게 커졌다.

바이서우이(白壽彝)
《중국통사(中國通史)》

76) 영주(潁州) : 안후이(安徽)성 푸양(阜陽)시 지역. - 역주.

하지만 세력이 커지면서
아주 강력한 적수가 조조 고양이 앞에 나타났지.

그게 바로 원소 고양이야!

원소,
자(字)는 본초(本初)이고…
동한 후기에 권세가 대단한
명문가 출신이었다.
바이서우이(白壽彝)
《중국통사(中國通史)》

사실 원소 고양이와 조조 고양이는
어릴 때부터 함께 놀던 사이였어.

조조와 원소는
어릴 적부터 왕래가 있었고,
서로를 잘 아는 사이였다.
바이서우이(白壽彝)
《중국통사(中國通史)》

어렸을 때는 자주 함께 사고도 쳤지.

조조가 어렸을 때, 원소와 조조는 협객을 따라 하는 것을 좋아했다.
누군가 결혼하는 것을 보고… 조조는 그곳에 침입해 칼로 협박해 신부를 납치했다.
둘은 함께 도망치다가 길을 잃었고, 원소가 가시덤불에 걸리자 조조는 큰 소리로
"신부 도둑이 여기 있다!"라고 외쳤다. 다급해진 원소는 스스로 가시덤불을
헤쳐나왔고 둘은 붙잡히지 않았다.
[주석 - 《세설신어(世說新語)》는 중국에서 가장 처음으로 나온 문어 지인소설(志人小說)로써
주로 동한 후기에서 진송 시대 사이의 명사들의 언행과 일화들을 기록한 것이다.]

《세설신어(世說新語)·가휼(假譎)》

원소 고양이의 조상은 모두
조정의 중신들이었기 때문에

원씨 가문은… 높은 관직을 지낸
원로들의 집안으로,
그들의 제자와 부하들이
전국에 널려 있었다.
장따커(張大可)
《장따커 문집(張大可文集)·
삼국사(三國史)》

'관리 5세'의 신분을 등에 업고

그(원소)의 고조부 원안(袁安)부터
4대 중에 다섯이 삼공을 지냈다.
바이서우이(白壽彝)
《중국통사(中國通史)》

매일 사람들을 모아 파티를 열었어.

(원소는) 어려서부터 특히
명성을 중시했다…
협객, 호걸들과 폭넓게 교제하고…
명성이 크게 높아졌다.
군사과학원(軍事課學院)
《중국 군사 통사(中國軍事通史)》

여러 '인플루언서'들과도 잘 알고 지냈지….

원소는 휘하의 선비들을
절도 있게 굴복시키는
능력이 있었고, 많은 선비가
그를 따랐다.
마즈제(馬植傑)
《삼국사(三國史)》

성인이 되고 나서
두 고양이 모두 조정의 군관이 되었어.

그(조조)와 원소는 젊은 시절
가까운 친구 사이였고,
서원(西園)의 새로운
군대 내에서도 동료였다.
군사과학원(軍事課學院)
《중국 군사 통사(中國軍事通史)》

하지만 얼마 지나지 않아,
조정이 혼란에 빠졌지.

중평 6년(189년), 동탁이 낙양으로 진군해 황제를 폐하고
헌제 유협을 세웠다. 이후 태후와 폐위된 황제를 죽이고
자신을 상국[77]이라 칭했으며, 정권을 독점했다.
바이서우이(白壽彝)《중국통사(中國通史)》

77) 상국(相國) : 재상. - 역주.

원소 고양이는 앞장서서
역적을 토벌하는 관동군을 결성했어.

조조, 원소가
이에 반대해
병사를 일으켰다…
판수즈(樊樹志)
《국사 개요(國史概要)》

관동에서 거병하니,
제후들이 원소를
맹주로 추대했다.
장따커(張大可)
《장따커 문집(張大可文集)·
삼국사(三國史)》

가자!
부대
앞으로!

둘은 어려서부터 함께 자랐지만,

태조(조조)가 어릴 적
(원소와) 왕래했다.
《삼국지(三國志)·
동이원유전(董二袁劉傳)》

포부는 달랐는데,

나라가 위기에 빠졌을 때,
한 고양이는 자신의 세력을 키우려고 했고,

원소는… 맹주였으나,
어떻게 해야 병사들을 모아
자신의 지위를 높일 수 있는지,
각 연맹군을 궁지에
빠뜨릴 수 있는지만 궁리했다.

톈위칭(田餘慶)
《진한위진사 탐구(秦漢魏晉史探微)》

다른 한 고양이는
나라를 구해야겠다는 생각이 더 많았지.

조조는 능력이 있는 사람으로…
유씨 황실을 지키고
바로잡으려는 생각을
품은 사람이었다.

마즈제(馬植傑)《삼국사(三國史)》

그래서
원소 고양이가 이끄는 관동군은
절반쯤 가서 멈춰버렸지만,

각 주와 군의 장관들이
서로 다른 마음을 품고…
매일 큰 연회를 열고
누구도 동탁군과
교전하려 하지 않았다.
바이서우이(白壽彝)
《중국통사(中國通史)》

오히려 조조 고양이는
제일 먼저 공격을 개시했어.

나를
따르라!

조조가
가장 먼저 움직였고,
독자적으로 추격했다.
장따커(張大可)
《장따커 문집(張大可文集)·
삼국사(三國史)》

된통 얻어맞긴 했지만….

소수가 다수를
대적하긴 어려운 법.
조조의 군대가 전멸하고
본인도 화살을 맞아
부상을 당했다.
장따커(張大可)
《장따커 문집(張大可文集)·
삼국사(三國史)》

중앙의 힘이 약해지면서

'나라를 구한다'던 군벌들은
본격적으로 서로의 땅을 빼앗기 위해
싸우기 시작했고,

제후들은
동탁과의 전쟁을 앞두고는
몸을 움츠렸지만,
서로 합병하기 위해서는
힘을 아끼지 않았다.

마즈제(馬植傑)
《삼국사(三國史)》

원소 고양이는 이 기회를 틈타
황하 북쪽으로 세력을 키웠어.

원소는 봉기(逢紀)를
모사로 삼고 한복을 쫓아내고
자신이 기주의 목백이 되었다…
유주와 여러 군을 삼켰다.
이렇게 원소는 하북의 패권을
서서히 손에 넣었다.

왕통링(王桐齡)
《중국사(中國史)》

반대로 조조 고양이는
황하 남쪽으로 세력을 키웠지.

조조는 전국의 형세와
자신의 상황을 고려해
하남으로 세를 확장할
전략을 세웠다.
군사과학원(軍事課學院)
《중국 군사 통사(中國軍事通史)》

두 사람은 비록 방향은 달랐지만,

서로 협동하고 있었던 거야.

원소와 조조는
서로 하남과 하북에서
정권 쟁탈전을 벌였다.
원소는… 조조와 연합했다.
그 당시, 두 사람의 관계는
비교적 화목한 편이었다.

바이서우이(白壽彝)
《중국통사(中國通史)》

10년의 세월 동안
한 고양이는 하북의 영웅이 되고,

(건안) 4년(199년) 봄, 원소는
공손찬[78]을 없애고
하북을 통일했다.
[주석 - 조조가 거병한 중평 6년부터
원소가 하북을 통일한 건안 4년까지의
시간이 약 10년이었다.]
군사과학원(軍事課學院)
《중국 군사 통사(中國軍事通史)》

다른 한 고양이는
위풍당당하게 하남을 지배했어.

건안 3년(198년) 말,
조조가 여포를 없애고
하남 대부분 지역을 통일했다.
[주석 - 조조 군이 황하 이남의 지역을 점령하고
관중 할거자들의 항복도 받았으나 이곳들은 대부분
전란으로 인해 큰 손상을 입은 재해 지역들이었다.
땅은 황폐하고 사람은 거의 없었다. 조조의 후방에는
장수(張繡)와 손책 등이 그를 은밀히 관망하고 있어
이 또한 근심거리였다(《중국 군사 통사(中國軍事通史)》).
그래서 점령한 땅의 면적 크기로만
서로의 세력을 비교할 수는 없었다.]
군사과학원(軍事課學院)
《중국 군사 통사(中國軍事通史)》

---

78) 공손찬(公孫瓚) : 유주를 근거지로 삼았던 동한 말기의 군웅. - 역주.

하지만 이렇게 서로 협동하는 관계를
계속 유지할 수는 없었어.

하지만 하남과 하북 두 곳은
모두 평원이고, 지형이 한 덩어리로
묶여 있는 하나의 경제 구역이었기
때문에 계속 분열된 상태로
둘 수는 없었다.
군사과학원(軍事課學院)
《중국 군사 통사(中國軍事通史)》

남북의 세력이 최대치에 다다랐을 때,
최후의 적은 결국 상대방이 될 테니까 말이야.

원소와 조조는
어쩔 수 없이 전쟁을 통해
승부를 겨루어야 했다.
군사과학원(軍事課學院)
《중국 군사 통사(中國軍事通史)》

서기 196년,
의지할 곳 없이 떠돌던 어린 황제가
조조 고양이의 진영에 머물게 되었어.

조조는 건안 원년(서기 196년)에…
직접 낙양으로 가서
헌제를 만났다.
그는… 헌제를 허창으로
옮기게 하고 거기에
새로운 도성을 세워
자신이 헌제를 통제하려 했다.
바이서우이(白壽彝)
《중국통사(中國通史)》

조조 고양이는 그때부터
큰 위세를 떨치기 시작했지.

우리를
선택하세요!
큰 꿈을
꾸게
해드립니다!

조조는 한 헌제를 장악하고
하남 남양 이남의 거대한
땅덩어리는 조조의 소유가 되었다.
관중 역시 명목상
항복 의사를 표했다.

장따커(張大可)
《장따커 문집(張大可文集)·
삼국사(三國史)》

수많은 인재를 흡수했을 뿐만 아니라

조조가 한 헌제를 맞이했다…
일부 명사들의 추대를 받았고
잇달아 그에게 항복했다.

챠오펑치(喬鳳岐)
《사대부, 선비와 위진수당
정국에 관한 연구 –
사대부 사례 연구
(士族, 士人與魏晉隋唐政局研究 –
以士族個案研究爲例)》

그의 진영은 새로운 중앙이 되었어.

조조가 헌제를 허창으로 옮긴 뒤…
예법을 부활시켰다.

군사과학원(軍事課學院)
《중국 군사 통사(中國軍事通史)》

한 헌제가 낙양에서 허창으로
옮겨간 이후에 허창은 동한 왕조의
명목상 수도가 되었다.

왕밍더(王明德)《황하 시대부터
운하 시대까지 – 중국 고대 수도
변천사 연구(從黃河時代到運河時代 –
中國古都變遷研究)》

---

79) 진군(陳群) : 삼국 시대의 유명한 정치인. – 역주.
80) 가후(賈詡) : 삼국 시대의 유명한 군사전략가. – 역주.
81) 곽가(郭嘉) : 동한 말기의 참모. – 역주.
82) 순욱(荀彧) : 동한 말기의 정치가, 전략가. – 역주.

조조와 원소의 충돌이 격화되자 조조가 한 헌제를 허창으로 옮겨가게 했다. "천자를 받들어 신하가 되기를 거부하는 자들을 호령"한 뒤에 상황은 점차 심해졌다… 조조는 황제 이름으로 원소에게 명할 수 있었다. 원소는 크게 노했고, 조조에게 "황제를 협박해 내게 명을 내린다" 라며 질책했다.
판수즈(樊樹志)《국사 개요(國史概要)》

이 일이 둘 사이 간 대립의 불씨를 지폈지.

그렇게 하북을 평정한 원소 고양이의 적은
황하 건너편의 조조 고양이가 되었어.

원소는 기주, 청주, 유주, 병주를 합병해 넓은 땅과 당시 가장 강한 군사적 역량을 보유했다.
마즈제(馬植傑)《삼국사(三國史)》

넓은 땅과 많은 군사가 있고, 집안에서 4대째 삼공을 배출해 그 원로들의 제자와 부하가 전국에 널린 원소와 맞설 세력은 북방의 조조가 유일했다.
판수즈(樊樹志)《국사 개요(國史概要)》

중국 북부의 두 정상의 전쟁이
시작되는 순간이었지.

관도[83]대전은… 북방의 조조와 원소 두 거대 집단 사이에서 일어난 한 차례의 결전으로… 북방 통일의 기초가 될지 모를 일이었다.
장따커(張大可)《장따커 문집(張大可文集)·삼국사(三國史)》

83) 관도(官渡) : 지금의 허난(河南)성 중머우(中牟)현 지역. – 역주.

기세등등하게 쳐들어오는
원소 고양이를 상대로

건안 5년(서기 200년) 정월,
원소는 먼저 각 주와 군에
조조를 토벌한다는 격문을 보냈다.
2월, 원소는 직접 대군을 이끌고
업성에서 남하해 려양[84]까지
진출했다.

마즈제(馬植傑)《삼국사(三國史)》

▶ 조조 고양이는 어떻게
맞서 싸워야 할까? ◀

이어서 계속

---

84) 려양(黎陽) : 지금의 안후이(安徽)성 황산(黃山)시 툰시(屯溪)구 지역. – 역주.

편집자의 말 ◇◇◇◇◇◇◇◇◇◇◇◇◇◇◇◇◇◇◇◇◇◇◇◇◇◇◇◇◇◇

조조와 원소는 같은 역사적 조건에서 정치 무대를 밟았다. '떳떳하지 못한' 집안 출신의 조조는 모든 일을 자신의 힘으로 해내야 했던 굴곡진 인생을 살았고, 이에 비해 원소는 아주 순조로운 삶을 살았다. 명문가의 자제로서 그는 어린 시절 우월한 출신의 힘으로 선비들과 폭넓게 교제해 얽히고설킨 관계 속에서 힘을 기를 수 있었다. 그는 또한 높은 관직을 맡아 관리 사회에서도 많은 발언권을 가졌다. 많은 사람이 원소가 '계책은 많지만, 결단력이 부족하다'라고 생각하지만, 사실 그도 '빠르고 정확하며 목표가 뚜렷하던' 시절이 있었다. 원소가 한 첫 번째 큰일은 바로 대장군 하진과 환관 살해를 모의한 것이었다. 환관이라는 화를 제거하는 데 그의 공이 있었다. 이 외에도 그는 지방 세력 중 최초로 동탁과 등진 사람이었다. 그래서 많은 사대부와 협객들이 그를 주목하고 의지했다. 심지어 수많은 지방 세력들이 군사를 일으킬 때도 그의 이름을 빌렸다. 그러나 그에게 리더의 자격은 있었지만 안타깝게도 전략이 없었던 탓에, 헌제를 모시는 일이나 조조와의 전투에 있어서 번번이 반 박자씩 느려 결국 열세에 놓였다.

조조 역 – 전병

원소 역 – 떡

참고 문헌 : 《세설신어(世說新語)》, 《삼국지(三國志)》, 바이서우이(白壽彝) 《중국통사(中國通史)》, 판원란(范文瀾) 《중국통사(中國通史)》, 판수즈(樊樹志) 《국사 개요(國史概要)》, 군사과학원(軍事課學院) 《중국 군사 통사(中國軍事通史)》, 장따커(張大可) 《장따커 문집(張大可文集)·삼국사(三國史)》, 마즈제(馬植傑) 《삼국사(三國史)》, 톈위칭(田餘慶) 《진한위진사 탐구(秦漢魏晉史探微)》, 왕통링(王桐齡) 《중국사(中國史)》, 챠오펑치(喬鳳岐) 《사대부, 선비와 위진수당 정국에 관한 연구 – 사대부 사례 연구(士族, 士人與魏晉隋唐政局研究 – 以士族個案研究爲例)》, 왕밍더(王明德) 《황하 시대부터 운하 시대까지 – 중국 고대 수도 변천사 연구(從黃河時代到運河時代 – 中國古都變遷研究)》

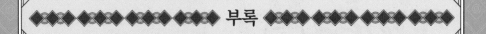
황제를 놓치다

원소의 책사도 황제를 모시자고 건의했
었어. 심지어 조조 진영보다 훨씬 일찍 나
온 이야기였지. 하지만 아쉽게도 원소가
그 말을 듣지 않았고, 너무 쉽게 헌제를
조조에게 빼앗겨 버렸어. 그렇게 천하를
호령할 주도권도 빼앗기고 만 거야.

원흉

원소는 동탁을 수도로 불러들일 것
을 주장했어. 비록 마지막에 원소와
동탁의 사이가 틀어졌지만, 어떤 사
람들은 여전히 원소를 한나라 말기
의 큰 혼란을 초래한 장본인이라고
생각해.

자신을 증명하려 노력하다

원소는 명문가에서 태어났지만, 본
처의 자식이 아니었어. 적자와 서자
를 따지던 당시의 시대적 상황 때문
에 그는 다양한 유명인들과 폭넓게
관계를 맺으면서 이를 통해 사회적
으로 인정을 얻을 수밖에 없었지.

야옹이들의 프로필

<꿈 노트>

<떡 백과사전>

떡

처녀자리
생일 : 9월 8일
키 : 181cm
잘 못 하는 것 : 저금
가장 좋아하는 음료 : 우유

(인간 떡 소개)

제 45 장

•

북방을 통일한 조조

동한 말기는 난세 그 자체였어.

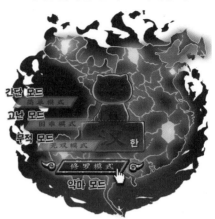

동한 말기 황건적이 봉기하면서
힘 있는 지주들은 잇달아
군대를 조직했다… 황건적을
진압하고 그 틈에 세를 넓혔다…
나라가 혼란에 빠지고 지주들은
각자 병사들을 모아 자신의
지위를 높였다… 군벌들의
할거 혼전이 시작되었다.

장따커(張大可)
《장따커 문집(張大可文集)·
삼국사(三國史)》

군벌들은 매일 서로를 죽이며
난투극을 벌였지.

군벌들은 땅과 백성을
빼앗기 위해 수년간 전쟁을
멈추지 않았다… "문밖을 나서면
보이는 것이 아무것도 없고,
백골이 평원을 덮었다"라는
말처럼 참혹한 상황이 펼쳐졌다.

마즈제(馬植傑)《삼국사(三國史)》

조조와 원소는
군웅들 중 가장 강했다…
원소는 하북을 가지고,
조조는 하남을 탐했다…
중원 10년의 대혼전 속에서
두 사람은 등을 맞댄 채
한 사람은 북으로,
한 사람은 남으로 향해
협공당하지 않고
각자 승리를 쌓아갔다.

장따커(張大可)
《장따커 문집(張大可文集)·
삼국사(三國史)》

그렇게 10년이 지나고
북쪽 무대에는 두 명의 플레이어가
두각을 나타냈어.

원소는 4대째 5명이
삼공을 지낸 가문의 힘을 빌려
호걸들과 관계를 맺었고,
환관들을 죽이고 동탁에 저항했다.
사례교위[85]라는 요직을 자처해
전국의 영웅들이
그를 호걸이라 여겼다.
장따커(張大可)
《장따커 문집(張大可文集)·
삼국사(三國史)》

한쪽은 관리 집안에서 태어난 금수저,
원소 고양이.

다른 한쪽은 환관 집안에서 태어나
귀신같이 재빠른 조조 고양이.

조씨의…
자본과 조조 개인의 책략까지
더해져 조씨 집단은
매우 빠른 속도로 북방의
난세 속에서 우뚝 섰다.
장따커(張大可)
《장따커 문집(張大可文集)·
삼국사(三國史)》

그들은 황하를 기준으로
각각 황하 이남과 이북 지역을 제패했지.

조조는…
하남 대부분 지역을
통일했다.
원소는…
하북을 통일했다.
군사과학원(軍事課學院)
《중국 군사 통사(中國軍事通史)》

---

85) 사례교위(司隷校尉) : 황제의 친족을 포함한 조정 대신들을 감찰하던 관직. – 역주.

하늘 아래 두 개의 태양은 없다고 했던가.

하늘에 두 태양이 있을 수 없고,
사람은 두 주인을 섬길 수 없는 법.
원소와 조조는 필연적으로
서로 자웅을 가려야 했다.

장따커(張大可)
《장따커 문집(張大可文集)·
삼국사(三國史)》

모든 장애물을 치우고 나자

건안 3년 12월,
조조는 여포를 죽이고
서주를 손에 넣었다.
다음 해 3월,
원소는 공손찬을 죽이고
유주를 합병했다.

마즈제(馬植傑)
《삼국사(三國史)》

중국 북부의 왕좌 쟁탈전이
본격적으로 시작되었어!

…원소와 조조 두 세력 간의
대립이 더욱 두드러지는 것처럼
보였다. 두 사람은 이제
어쩔 수 없이 전쟁에서
서로를 마주해야 했다.

마즈제(馬植傑)
《삼국사(三國史)》

당시에 원소 고양이는
강력한 세력을 갖고 있었고,

원소는… 넓은 땅과 강한 병사들을
가졌을 뿐만 아니라… 언제든지
연주와 예주의 명문가들을 움직여
조조의 동남방에 있는 할거 세력들과
접촉해 그를 견제할 수 있었다.

톈위칭(田餘慶)
《진한위진사 탐구(秦漢魏晉史探微)》

원소는…
당시 이미 기주, 유주,
병주, 청주 4개 주를
점령하고 있었다.

왕중뤄(王仲犖)
《위진 남북조사(魏晉南北朝史)》

4개 주를 근거지로 하고 있었어.

조조도 4개 주를 근거지로 했지만,

조조는 하남의 사주, 예주,
연주, 서주 4개 주를 합병했다.

장따커(張大可)
《장따커 문집(張大可文集)·
삼국사(三國史)》

---

86) 병(幷) : 지금의 산시(山西)성 전체와 허베이(河北)성, 네이멍구(內蒙古) 일부 지역. – 역주.
87) 기(冀) : 지금의 허베이성 중남부, 산둥(山東)성 서부, 허난(河南)성 북부 지역. – 역주.
88) 유(幽) : 지금의 베이징, 톈진, 허베이성 북부, 랴오닝성 동북 지역. – 역주.
89) 청(青) : 보하이(渤海) 남부, 타이산(泰山) 북부, 허베이성과 산둥반도 일부 지역. – 역주.
90) 사(司) : 지금의 산시(陝西)성 중부, 산시(山西)성 서남부, 허난성 서부 지역. – 역주.
91) 서(徐) : 지금의 장쑤(江蘇)성 북부와 산둥성 남부 지역. – 역주.

군사적으로는
원소가 강하고 조조가 약했다.
장따커(張大可)
《장따커 문집(張大可文集)·
삼국사(三國史)》

원소의 힘이 매우 강했고
조조는 한참 못 미쳤다.
왕중뤄(王仲犖)
《위진 남북조사(魏晉南北朝史)》

군사 수가 훨씬 적었지.

그래서 원소 고양이는
조조를 전혀 거들떠보지 않았어.

안 들어!

원소가 공손찬을 죽인 뒤… 허도를
공격할 준비를 했다. 그의 모사
저수(沮授)가 건의하기를 "조조와
장기전을 하면 군사력을 소모하니
정면으로 차근차근 진을 쳐가며
싸우고, 군사를 나눠 변경을 쳐서
상대를 불안하게 만들어…" 단번에
결판을 낼 필요가 없다고 했다.
마즈제(馬植傑)《삼국사(三國史)》

원소는 자신이 넓은 땅과 강력한
군사를 가지고 있다는 사실만 믿고,
저수의 충고를 전혀 듣지 않았다.
바이서우이(白壽彝)《중국통사(中國通史)》

원소는 모든 군을 관도에 집결시켜
승패를 결정하고자 했다.
《삼국지(三國志)·무제기(武帝紀)》

(원소)는 10만 정예 보병과 1만 기병을
이끌고… 심배(審配), 봉기(逢紀)에겐
군사를 총괄하게 하고, 전풍(田豐),
순담(荀諶), 허유(許攸)는 모사로 삼고,
안량(顏良)과 문추(文醜)에게는
병사들을 이끌게 해서 적극적으로
남하를 준비했다.
바이서우이(白壽彝)《중국통사(中國通史)》

전 병력을 데리고

잠시만요!

전부
무기 준비
하라고
해!

직접 황하까지 내려가서

2월, 원소의 주력군은
려양의 황하 북쪽 기슭에 도착해
남쪽으로 강을 건널
준비를 했다.

왕중뤼(王仲犖)
《위진 남북조사(魏晉南北朝史)》

바로 강을 건너 공격하기 시작했지.

(원소는) 안량에게
남쪽으로 강을 건너
황하 남쪽 기슭 요지인
백마[92]를 포위하고
공격하라고 명령했다.

푸러청(傅樂成)
《중국통사(中國通史)》

반대편에 있던 조조 고양이는
군사 수는 적었지만,

병력으로 볼 때는
원소 군의 수가
조조 군을 한참 뛰어넘었다.

바이서우이(白壽彝)
《중국통사(中國通史)》

---

92) 백마(白馬) : 지금의 허난(河南)성 활(滑)현 동북쪽 지역. – 역주.

개개인의 전투력이 폭발하는 상태였고,

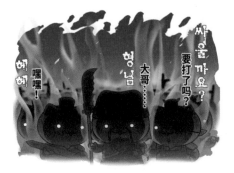

(조조) 공은 법령이 분명하고 상벌을 꼭 행해 병사들은 비록 적지만, 모두 죽을 때까지 싸워 싸움에서 이긴 것과 같습니다.

《삼국지(三國志)·
순욱순유가후전(荀彧荀攸賈詡傳)》

병사들이 전쟁에 목숨을 걸었다.
[주석 - 관도대전 이전에 조조는 동방 정벌을 나서 유비를 대파하고 그의 형제인 관우를 생포했다. 조조는 그를 마음에 들어 하며 중용했고, 관우 역시 관도대전에서 조조를 위한 전공을 세웠다.]

《자치통감(資治通鑑)》

조조의 군대는 허도에서 북상했는데 한 부대를 동쪽 길에서 연진[93]에서 황하를 건널 것처럼 속이고, 원소가 연진으로 군을 분산시킨 틈을 타… (조조 군은) 서쪽 길에서 백마를 급습해 원소 군을 격파했다.

푸러청(傅樂成)
《중국통사(中國通史)》

조조가 백마에서 후퇴할 때, 원소를 여양에서 강을 건너 추격했고, 연진 남쪽에서 한 차례 전투를 벌였다. 이는 조조가 원소 군의 탐욕과 무질서를 이용해 백마의 군수품으로 적을 유인하는 전략이었다.

바이서우이(白壽彝)
《중국통사(中國通史)》

조조 고양이의 신들린 컨트롤까지 더해져

이 싸움에서…

93) 연진(延津) : 허난(河南)성 신샹(新鄉)시 북쪽 지역. – 역주.

조조는 두 번의 작은 승리를 거뒀어.

조조 군이 원소 군을
크게 무찌른 뒤 안양을 죽이고,
백마의 군사와 백성들을
이동시켰다.
(연진 남쪽에서의) 이 전투에서도
조조는 승리를 거뒀다.

바이서우이(白壽彝)
《중국통사(中國通史)》

하지만
원소 고양이가 어찌 되었든
북방에서 가장 크고 강한 군벌이어서

원소는
당시 북방에서 가장
큰 세력이었다.

바이서우이(白壽彝)

《중국통사(中國通史)》

'전면전'은 어려웠지.

으…

그래서
조조 고양이는 전군에게 후퇴 명령을 내렸어.

(조조 군은) 황하 남쪽 기슭을
따라 서쪽으로 후퇴했다.
마즈제(馬植傑)
《삼국사(三國史)》

그렇게 후퇴한 곳이 바로 관도였지.

조조가 초반 전투에서
승리한 뒤에도
원래 계획에 따라 관도까지
철수한 뒤 병력을 집중해
보루를 쌓아 지켰다.
마즈제(馬植傑)
《삼국사(三國史)》

조조 고양이가 후퇴하자

(조조는) 관도로
전략적 이동을
한 것이었다.
마즈제(馬植傑)
《삼국사(三國史)》

원소 고양이는 그 뒤에 바싹 따라붙어서

원소는
자기 병사가 많고
세력이 크다는 점만 믿고
대군을 이끌고
계속 전진했다.
마즈제(馬植傑)
《삼국사(三國史)》

위풍당당하게 황하를 넘어 쫓아왔어.

4월, (원소는) 주력군을
황하 북쪽 기슭에서
남쪽 기슭으로
진군시켰다.
왕중뤄(王仲犖)
《위진 남북조사
(魏晉南北朝史)》

정말 조조 고양이는 겁이 났던 것일까?

북방을 통일한 조조

그럴 리가!

조조의 후퇴는
후퇴라기보다는 집으로 돌아간 거였어.

전쟁을 하려면 식량이 필요한데

---

94) 허도(許都) : 지금의 허난성 쉬창(許昌)시 지역. 역주.

조조 고양이는 집과 가까우니
보급이 편했지만,

조조는 방어선과
보급선을 단축시켰다.
바이서우이(白壽彝)
《중국통사(中國通史)》

원소 고양이는 황하를 넘어 쳐들어온 상황이라

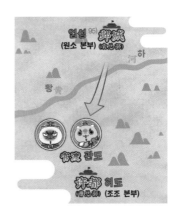

원소는…
직접 주력군을 이끌고
황하를 건너 남하했다.
푸러청(傅樂成)
《중국통사(中國通史)》

자신의 본부와 멀어져 버렸고

원소 입장에서는 적진에
깊이 들어온 것이고…
보급선을 연장한 것이었다.
바이서우이(白壽彝)
《중국통사(中國通史)》

---

95) 업성(鄴城) : 지금의 허베이성 한단(邯鄲)시 서부, 허난성 안양(安陽)시 북부 지역. - 역주.

보급이 어려워졌지.

(원소 군이) 관도에 근접한 뒤
후방 보급선이 매우 길어지면서
식량 운송과 공급 모두에
어려움이 생겼다.
왕중뤼(王仲犖)
《위진 남북조사(魏晉南北朝史)》

그쪽은 배달
안 하는데…

닥쳐!

게다가 원래 황하 근처에서
전쟁할 때는 나루터가 많아서
군사를 나눠 포위하기가 편했는데

…황하는 천연 장벽과도
같았지만, 나루터가 많았다.
(황하에서) 방어할 때는 출입구를
지키느라 반드시 병사를
분산시켜야 했다.
군사과학원(軍事課學院)
《중국 군사 통사(中國軍事通史)》

관도까지 내려가니 나루터가 하나뿐이라

원소 고양이는 한쪽으로만
공격할 수밖에 없었어.

관도는 2개의 큰 장애물 지대
사이에 있어서 원소 군의
공격로는 동서 수백 리 사이에
수십 리 정도 넓이의
나팔 모양 통로 하나뿐이었다.

군사과학원(軍事課學院)
《중국 군사 통사(中國軍事通史)》

둘은 관도에서 서로 치고받으며
수개월을 보냈지.

두 주력군이
관도에서 전투를 벌였고,
3개월 정도가 걸렸다.

푸러청(傅樂成)
《중국통사(中國通史)》

어느 정도 시간이 흐르자
조조 고양이는 지지는 않았지만…

9월, 두 군대가 전투를 벌였고,
조조 군이 불리한 상황에 놓였다.
그들은 보루를 단단히 걸어 잠그고
그 속에 숨어 나오지 않았다.

바이서우이(白壽彝)
《중국통사(中國通史)》

버티기가 어려워졌어….

가을, 관도 접전에서
조조 군이 불리해졌다.
톈위칭(田餘慶)
《진한위진사 탐구(秦漢魏晉史探微)》

하남 백성들의 고생이 말도
못 할 지경이었다. 많은 사람이
조조 군에서 등을 돌리고
원소 군을 지지했다.
바이서우이(白壽彝)
《중국통사(中國通史)》

결국 조조는 철수를 준비했지.

조조는 후퇴를 약속하고
본 근거지를 먼저 지키려 했다.
톈위칭(田餘慶)
《진한위진사 탐구(秦漢魏晉史探微)》

그때, 하늘이 "타임!"을 외친 거야.

상황이 바뀐 이유는 이랬어.
원소 고양이 쪽에 배신자가 생겼고,

원소의 모사 허유와
심배의 사이가 틀어졌다.
허유의 가족이 법을 어기고,
심배가 그들을 체포하자
허유는 조조에게 투항했다.
바이서우이(白壽彝)
《중국통사(中國通史)》

그 배신자는 조조에게 원소 군이
식량을 보관하는 위치를 알려주었지.

모사 허유는…
원소가 연진 내
오소(烏巢)라는 곳에
식량을 비축한다는 사실을
알려주며, 이곳을
습격하라고 권유했다.
왕중뤄(王仲犖)
《위진 남북조사
(魏晉南北朝史)》

조조가 '대어'를 낚은 거야.

조조는 이를 듣고
크게 기뻐했다.
왕중뤄(王仲犖)
《위진 남북조사
(魏晉南北朝史)》

조조는 직접 사람들을 이끌고,
몰래 원소의 식량 저장고에 잠입해

곧장 불을 질러 버렸어!

태워라!

(조조는) 정예 기병 5,000명을
선별해 원소 군의 깃발을
달게 한 뒤, 어두운 밤을 틈타
오소로 가서 식량에
불을 지르게 했다.

왕중뤄(王仲犖)

《위진 남북조사(魏晉南北朝史)》

전쟁을 하려면 먹을 게 있어야 하는데 말이야.

자신의 식량이 흔적도 없이 사라졌다는 것을 알고

조조는…
원소가 저장해둔
만여 수레의 식량을
모두 불태웠다.
왕중뤄(王仲犖)
《위진 남북조사
(魏晉南北朝史)》

원소 군은 순식간에 큰 혼란에 빠졌어.

오소의 식량이 불탄 소식이
관도에 전해지자 원소 군은
금방 와해되고 말았다.
마즈제(馬植傑)
《삼국사(三國史)》

병사들은 자신감을 잃어버렸고,

(식량을) 조조가 직접
군사를 이끌고 가서 불태운 뒤
원소 대군은 싸우기도 전에
스스로 무너졌다.
왕용핑(王永平)《원소론(論袁紹)》

장수들은 너도나도 조조에게 투항했지.

원소의 부하 장합(張郃)과
고람(高覽)이 무기를 태웠고,
여러 다른 원소의 부하들이
조조에게 투항했으며,
다른 장수와 병사들도
더 이상 원소의 지휘를
따르지 않았다.

마즈제(馬植傑)《삼국사(三國史)》

이렇게 유리한 상황이 만들어지면서

조조는 승승장구하며 원소 군을 추격했고,

원소 군은…
뿔뿔이 도망쳤다.
조조는 군사를 이끌고
추격했다.

왕중뤄(王仲犖)
《위진 남북조사(魏晉南北朝史)》

원소 고양이는 결국 도망칠 수밖에 없었어.

원소와 원담(袁譚) 부자는
남은 800여 기병을 이끌고
황하를 건너 기주로 도망쳤다.
마즈제(馬植傑)《삼국사(三國史)》

관도에서의 참패는
원소에게 치명상을 입혔고,

이 전투에서 조조는
원소의 주력군을
7만 명 넘게 몰살시켰다.
왕중뤄(王仲犖)
《위진 남북조사(魏晉南北朝史)》

원소의 주력부대는
거의 사라진 셈이었다.
마즈제(馬植傑)《삼국사(三國史)》

그렇게 그는 역사의 무대에서 사라졌어.

승리한 조조 고양이는
원소의 근거지까지 차근차근 흡수해.

원소는 전투에서 패배한 지
얼마 지나지 않아 죽었다.
원소의 세력을 철저하게
소멸시키기 위해 조조는
연승의 분위기에 힘입어
계속 공격했다…
원소의 세력의 뿌리를 뽑았다.

판수즈(樊樹志)
《국사 개요(國史概要)》

결국 북부의 패권을 차지했지.

조조가 황하를 건너
원담을 공격했다…
조조는 기회를 틈타
업성도 손에 넣었다…
원씨 가문이 완전히 무너졌고,
북방의 대부분을
조조가 통일했다.

푸러청(傅樂成)
《중국통사(中國通史)》

曹
조

하지만 천하 통일까지는
이제 겨우 절반을 지나온 거였어.

득의양양하던 조조는
단번에 남방도
통일할 수 있을 것으로
생각했다.

판수즈(樊樹志)
《국사 개요(國史概要)》

그리고 저기 강 아래 남방에서

기세를 떨치고 있는 녀석이 하나 있었지.

"용모가 빼어나고,
우스갯소리를 잘했다.
성격이 활발하고
남의 의견도 잘 들어주었다.
사람을 기용하는 데
능력이 있었다."
그래서 모든 병사가
명령에 복종하며
목숨 바쳐 싸웠고,
전쟁에서도 늘 백전백승으로
강동에서 그 위세를 떨쳤다.
마즈졔(馬植傑)《삼국사(三國史)》

이어서 계속

167
북방을 통일한 조조

편집자의 말 ◇◇◇◇◇◇◇◇◇◇◇◇◇◇◇◇◇◇◇◇◇◇◇◇◇◇◇◇◇◇◇◇

관도대전은 삼국 시대 '3대 전투' 중 하나로, 중국 역사상 약한 상대가 강한 상대를 이긴 유명한 전투다. 동한 말기 군벌들의 혼전 중에서 원소, 조조, 여포, 원술, 손책, 유표, 공손찬, 장수 등의 할거 세력들이 각각 일어나서 나라는 날이 갈수록 참혹하게 파괴되었다. 건안 5년, 원소와 조조 두 세력이 관도에서 결전을 벌였는데, 조조가 전승을 거두면서 북방 통일의 서막을 열었다. 7년 좌우의 전쟁을 통해 조조는 원소의 잔여 세력들을 철저히 뿌리 뽑았고, 성공적으로 북방을 통일했다. 조조는 북방 지역을 마음을 다해 다스렸고, 북방 경제는 회복되고 발전했다. 북방을 이미 손에 넣은 조조는 이제 남방을 어찌할지 생각했다. 전승을 거뒀던 조조는 득의양양해졌고, 개선하고 돌아오는 길에 그는 천하를 품을 원대한 포부를 토로한 희대의 명작 〈관창해(觀滄海)〉를 썼다.

| 조조 역 – 전병 | 원소 역 – 떡 |

참고 문헌 : 《삼국지(三國志)》, 《자치통감(資治通鑑)》, 장따커(張大可)《장따커 문집(張大可文集)·삼국사(三國史)》, 마즈제(馬植傑)《삼국사(三國史)》, 군사과학원(軍事課學院)《중국 군사 통사(中國軍事通史)》, 텐위칭(田餘慶)《진한위진사 탐구(秦漢魏晉史探微)》, 왕중뤄(王仲犖)《위진 남북조사(魏晉南北朝史)》, 바이서우이(白壽彝)《중국통사(中國通史)》, 푸러청(傅樂成)《중국통사(中國通史)》, 왕용핑(王永平)《원소론(論袁紹)》, 판수즈(樊樹志)《국사 개요(國史概要)》

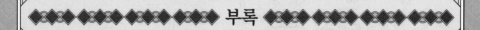
약 올리기

원소는 전쟁 전에 사람을 고용해 조조를 모욕하는 편지를 쓰게 했어. 그런데 이 편지가 조조를 화나게 했을 뿐만 아니라 원소 군에 대한 조조 군의 투지까지 끓어오르게 했지.

완벽한 청개구리

전쟁 기간에 원소는 책사들의 올바른 조언과 정확히 반대로 행동했어. 보다 못한 책사들은 결국 자리를 내놓거나 그를 배신했지.

정신적 지주

관도 전방에 식량이 부족해지자 조조는 철수에 대해 고민하기 시작했어. 다행히 책사 순욱이 계속 그를 격려해 준 덕에 조조는 끝까지 버틸 수 있었지.

야옹이들의 프로필

<훠궈 1>

이 집 음식 잘하네!

그러게!

그러게. 왜 고기가 순식간에 사라지는지 모르겠어.

근데 양이 너무 적어. 그렇게 많이 시켰는데도 얼마 못 먹었어.

국자 필요해?

맞아, 맞아!

양은 적당한 거 같은데?

쟤네가 있다는 걸 깜빡 했네...

<훠궈 2>

어떻게... 이렇게 비쌀 수가...

합계: 18만 원

괜찮아! 이렇게 맛있는 훠궈 먹기도 쉽지 않아!

맞아, 다 같이 나와서 밥 먹는데 즐거운 게 제일 중요하지!

튀긴 꽈배기야, 집에 라면 있어? 하나만 빌려줘.

있어.

물만두

양자리
생일 : 4월 1일
키 : 177cm
잘 못 하는 것 : 영어
가장 좋아하는 음료 : 오렌지
주스

(인간 물만두 소개)

171

입하

제 46 장

•

강동의 맹호,
소패왕 손책

동한 말기,
서북의 군벌들이 중앙에서 난을 일으키자

동한 황조의
마지막 날이 도래했다.
중앙의 권력이 약해져
더 이상 주와 군을
통제할 수 없었다…
동탁의 서북군이…
낙양으로 진군했다.
이렇게 동한 황조의 대권이
동탁에게 넘어갔다.

왕중뤄(王仲犖)
《위진 남북조사(魏晉南北朝史)》

그들을 토벌하기 위한
연합군이 형성되었는데,

산동 지역 주와 군의
목백들이 잇달아 군을 일으켰다…
원소를 맹주로 추대하고
함께 동탁을 규탄했다.

왕중뤄(王仲犖)
《위진 남북조사(魏晉南北朝史)》

당시의 관동 대군은…
동탁군을 두려워했고,
조조 홀로 군사들을 이끌고
서쪽으로 향했다.

푸러청(傅樂成)
《중국통사(中國通史)》

노양을 거점으로
동탁을 토벌하기 위해
진군했다.
마즈제(馬植傑)《삼국사(三國史)》

실제로 가서 싸운 고양이는 둘뿐이었어.

그중 하나는 조조 고양이로

헌제 초평 원년 정월···
조조는 분무장군의 신분으로
동탁 토벌군에 참여했다.

바이서우이(白壽彛)
《중국통사(中國通史)》

(조조가) 형양 변수(汴水)에
이르렀을 때, 동탁의 장수
서영(徐榮)과 마주쳐
전투를 벌였으나
상황이 불리해져 죽거나
다친 병사들이 매우 많았다.
태조도 화살에 맞아 다쳤다.

《삼국지(三國志)·
무제기(武帝紀)》

켁···
바로 패배의 쓴맛을 봤지···.

나머지 하나는 손견 고양이었어!

초평 원년(서기 190년)···
장사[96]의 태수 손견 역시
동탁을 토벌하기 위해
군사를 일으켰다···
원술과 군을 합쳤다.

푸러청(傅樂成)
《중국통사(中國通史)》

96) 장사(長沙) : 지금의 후난(湖南)성 수도.- 역주.

그는 역적들을 공격해 달아나게 했지만

손견의 군사들은 정예군이었다.
양인[97]에서 동탁군을
대파한 적이 있었고,
동탁이 장안으로 옮겨간 뒤에는
다시 진군해 동한의 수도였던
낙양을 되찾았다.
바이서우이(白壽彝)
《중국통사(中國通史)》

초평 2년(서기 191년) 2월…
손견은 양인에서 북쪽으로
진군해 동탁군을 격파했다.
푸러청(傅樂成)《중국통사(中國通史)》

초평 원년… 유대와 교모
(주석 - 관동 군벌)가 서로 미워해서
유대가 교모를 죽였다.
《삼국지(三國志)·무제기(武帝紀)》

…군벌 간의 전쟁은 격렬해졌고,
중원은 그들이 서로 치고받는
전쟁터가 되었다.
[주석 - 손견이 동탁군을 맹렬히 공격할 때,
관동군은 이미 와해되기 시작했다.]
법률출판사(法律出版社)
《중국 법제 통사(中國法制通史)》

주위를 둘러보니 연합군들은 서로
땅을 빼앗으려 싸우기 바빴어.

이 쟁탈전에서 손견 고양이는

목백과 태수들의
혼전 속에서 손견은
원술을 따랐고,
원술의 명에 따라
유표를 공격했다…
왕중뤄(王仲犖)
《위진 남북조사(魏晉南北朝史)》

---

97) 양인(陽人) : 지금의 허난(河南)성 루저우(汝州)시 서쪽 지역. − 역주.

죽었어….

…양양 성 밖에서
유표의 장수 황조(黃祖)의
부하가 쏜 화살에 맞고 죽었다.

왕중뤄(王仲犖)
《위진 남북조사(魏晉南北朝史)》

손견이 서른일곱 살이었다.

《삼국지(三國志)·손파로토역전
(孫破虜討逆傳)》
배송지(裴松之) 주석《오록(吳錄)》

그래서 손씨 가문을 일으키는 중책이
손견의 큰아들에게 맡겨졌지.

손책이 수차례 장굉을 찾아가
세상일에 관해 물으며 말하길
"아버지가 원술과 함께 동탁을
격파했지만, 대업을 이루지 못하고
황조에게 살해되셨습니다.
제가 비록 어리석고, 어리지만,
작게나마 품은 뜻이 있으니,
원술을 따라가 아버지의 남은 병사를
얻고… 아버지의 치욕을 갚고…"

《삼국지(三國志)·
손파로토역전(孫破虜討逆傳)》
배송지(裴松之) 주석《오록(吳錄)》

그게 바로 손책(孫策) 고양이야!

손책의 자(字)는
백부(伯符)이고
손견의 장자였다.

장따커(張大可)
《장따커 문집(張大可文集)·
삼국사(三國史)》

아들…

손책 고양이는 훌륭한 외모와 실력을 타고나서

> (손책이) 향하는 곳마다
> 모두 격파되어 감히
> 그를 감당할 자가 없었다.
> 《삼국지(三國志)·
> 손파로토역전(孫破虜討逆傳)》

사람들은 그를 '소패왕[98]', '손랑[99]'이라고 불렀어.

> (손책은) 용모가 빼어나고,
> 우스갯소리를 잘했다…
> 사람들이 그를
> 손랑이라 불렀다…
> 소패왕(이라고도 불렀다).
> 장따커(張大可)
> 《장따커 문집(張大可文集)·
> 삼국사(三國史)》

아버지가 일찍 돌아가시면서

---

98) 소패왕(작은 항우) : 자신은 패왕이라 칭했던 항우의 용맹함을 닮은 손책에게 붙여진 별명. – 역주.
99) 랑(郎) : 미남에게 붙이는 칭호. – 역주.

그는 어쩔 수 없이
모든 짐을 짊어져야 했지.

손책이 지름길을 통해 수춘[100]에
도착해 원술을 만났고, 눈물을 흘리며
말하길 "돌아가신 아버지께서는
옛날 장사에서 출발해 동탁을
토벌하러 가다가, 원술 님과 남양에서
만나 연맹을 맺었습니다. 불행히도
죽임을 당하셔서 대업을 완성하지
못하게 되었습니다. 저는 조상들의
오랜 은혜에 감사하고, 저 역시
의지하고자 합니다."

《삼국지(三國志)·
손파로토역전(孫破虜討逆傳)》

다행히… 손책 고양이는
뛰어난 능력이 있었어!

그는 아버지를 따르던 부하들을 거둬들이고

손책은 원술에게서…
손견의 남은 병사들을 얻었다.
톈위칭(田餘慶)
《진한위진사 탐구 (秦漢魏晉史探微)》

---

100) 수춘(壽春) : 지금의 안후이(安徽)성 화이난(淮南)시 서우(壽)현 지역. – 역주.

유능한 인재들을 대거 모집했어.

같이
창업
할래?

여보세요?
나
손책인데.

장사의 환왕(桓王)(손책)이
역양[101]에서 편지를 보내
주유를 불렀다.
주유는 병사 500명과 식량,
무기 등을 가지고
한밤중에 달려왔다.
《태평어람(太平御覽)·467권》
장발(張勃) 주석《오록(吳錄)》

그리고 군대를 이끌고 남방으로 향했지….

양주[102] 자사 유요[103]가
원술의 장수 손책과
싸웠는데…
유요군이 대패했다.
《후한서(後漢書)·
헌제기(獻帝紀)》

寿春
수춘 [104]

吳郡
오군[105]

丹阳郡
단양군[106]

会稽郡
회계군[107]

당시에는 온 나라가
불안정한 상태였어.

---

101) 역양(歷陽) : 지금의 안후이(安徽)성 허(和)현 지역. – 역주.
102) 양주(楊州) : 지금의 화이허(淮河) 이남, 창장(長江) 유역, 링난(嶺南) 지역. – 역주.
103) 유요(劉繇) : 동한 말기의 군웅. – 역주.
104) 수춘(壽春) : 지금의 안후이(安徽)성 내 지역. – 역주.
105) 오군(吳郡) : 지금의 장수(江蘇)성 쑤저우(蘇州) 내 지역. – 역주.
106) 단양군(丹陽郡) : 지금의 장수(江蘇)성 전장(鎮江)시 지역. – 역주.
107) 회계군(會稽郡) : 지금의 저장(浙江)성 사오싱(紹興)시 지역. – 역주.

중원은 이미 쑥대밭이었지.

원소, 원술 등은
하북, 하남에서 북방에
이르는 지역을 통일하려 했다…
헌제가 있는 관서 지역에서는
동탁의 남은 부하 장수인
이각(李傕), 곽사(郭汜)와 백파군[108]이
각자 헌제를 통제하고 다른
이들에게 명을 내리려 했다.
관동 지방에서는 근거지가 없는
장수들이… 다른 할거자의
땅에서 한 주라도 빼앗아
근거지로 삼으려 애썼다.
군사과학원(軍事課學院)
《중국 군사 통사(中國軍事通史)》

하지만 멀리 남방은

'낙후되고 외진 곳'이라는 인식 때문인지
상대적으로 평온한 편이었어….

남방에는
인구가 적고…
교통이 불편하고
통일된 경제 구역이
형성될 수 없었다.
군사과학원(軍事課學院)
《중국 군사 통사
(中國軍事通史)》

---

108) 백파군(白波軍) : 동한 말기에 봉기한 농민군 중 하나. – 역주.

하지만 전쟁이 일어나기 시작하고,

한 말기, 남방은 전에 없던
기회를 만나 경제적으로 빠르게
발전하는 시기에 돌입했다.
북방에서 군벌들의 격렬한 전투가
그 주된 요인이었다.
군사과학원(軍事課學院)
《중국 군사 통사(中國軍事通史)》

중원의 많은 백성이 남방으로 피난을 오면서

전쟁에 시달리다 못한
북방의 백성들이
강을 건너 남방으로
대거 이동했다.
법률출판사(法律出版社)
《중국 법제 통사(中國法制通史)》

노동력과 선진 기술이 유입된 데다

북방의 백성들이
남방으로 넘어오면서
강남에 노동력을 증가시켰고,
북방에서 들어온 선진
생산 기술은 강남을
한층 더 발전시키는 데에
유리한 조건을 제공했다.
법률출판사(法律出版社)
《중국 법제 통사(中國法制通史)》

남방의 비옥한 땅까지 더해져
남방은 창업에 적합한 새로운 땅으로
당당히 자리매김했어.

창업 인큐베이터

남방의 기온이 습하고
강우량이 풍부해 특히
농업에 유리했다.
군사과학원(軍事課學院)
《중국 군사 통사(中國軍事通史)》

강남 지역은
큰 할거 세력이 없는
빈 땅이었다.
바이서우이(白壽彝)
《중국통사(中國通史)》

손책 고양이는 바로 이 기회를 포착했지!

이때, 할거 군웅들은
중원에서 전력으로
혼전을 벌이고 있었다.
바이서우이(白壽彝)
《중국통사(中國通史)》

군벌들이 중원에 한데 뒤엉켜 있는 틈을 타

그는 군대를 이끌고 곧장 남방으로 향했어.

전속력으로!

흥평(興平) 2년(195년)…
손책은 장강을 건너 남하해
강동을 다스렸어.

거젠슝(葛劍雄)
《중국 이민사(中國移民史)》

남방의 군벌들은
워낙 편안하게 지내 온 탓에…

강동 각 군에서 땅을 지키는
사람들은 개별적으로 중원에서의
경쟁에 발을 들였지만…
일반적으로는 관망하는
태도를 보이며 적극적으로
참여하지 않았다.

톈위칭(田餘慶)
《진한위진사 탐구(秦漢魏晉史探微)》

전투력이 낮아서…

전오사 *

? ? ?

* 중국에서 사용하는 인터넷 용어로
'전투력이 5밖에 안 된다'라는 뜻.

곡아[109]에 주둔하던 유요는 수만의
병사가 있었고, 군수 허공(許貢),
왕랑(王朗), 주호(朱皓) 등은
각각 군병(郡兵)이 있었으며…
유요와 각 군의 병력은 분산되어
한데 집중하거나 서로
지원하기가 어려웠고, 유요, 왕랑,
화흠(華歆)은 학문과 예문에 통달한
명사였고, 주호는 군사에 대해
잘 알지 못했다.

군사과학원(軍事課學院)
《중국 군사 통사(中國軍事通史)》

---

109) 곡아(曲阿) : 장쑤(江蘇)성 전장(鎭江)시 지역. – 역주.

전투력이 폭발하던 손책 고양이를 상대하기란

역부족이었지!

> 손책은 전장에서
> 항상 앞장서서 싸웠다.
> 손랑이 왔다는 소식이
> 적군에 전해지면
> 모두 혼비백산했다.
>
> 장따커(張大可)
> 《장따커 문집(張大可文集)·
> 삼국사(三國史)》

싸울 수
있는 애가
아무도 없어.

손책 군대의 승전가가 울려 퍼지면서

> (손책이) 강을 건넌 뒤,
> 가는 곳마다 승리해
> 영토를 넓혔다.
>
> 푸러청(博樂成)
> 《중국통사(中國通史)》

손책 고양이의 명성도 갈수록 높아졌어.

손책이 곡아에 도착하자…
강동이 진동했다.
《자치통감(資治通鑑)·
한기(漢紀) 53》

강동 지역 세력들은 큰 타격을 입었지….

하지만 현지 백성들의 민심을 얻기 위해서

손책이 민심을
사로잡았다.
바이서우이(白壽彝)
《중국통사(中國通史)》

아빠, 저 사람
나쁜 사람일까….

손책 고양이는 백성들의 생활에
간섭하지 말라는 명을 내렸어.

…명을 내려 군율을 정돈하고
병사들의 약탈을 엄히 금했다.
바이서우이(白壽彝)
《중국통사(中國通史)》

손책은 군을 엄히 다스렸고,
군사들은 규율을 준수해
가축이든, 채소 한 뿌리든
단 하나도 범하지 않았다.
마즈제(馬植傑)《삼국사(三國史)》

이 방법으로 그는 많은 백성의 지지를 얻었지.

손책은 군령을 내려
병사들이 백성들의 재물을
약탈하지 못하게 했다…
백성들에게 환영받았다.
장따커(張大可)
《장따커 문집(張大可文集)·
삼국사(三國史)》

그렇게 그의 군사들의 수는 많이 늘어났고

손책의 세력이 커지고
병사들의 수도 빠르게
2만 명이 넘었다.
바이서우이(白壽彝)
《중국통사(中國通史)》

손책이 남하해
회계[110]를 공격했다…
다시 예장(預章)에 이르렀다…
이 전후에 손책은 단양(丹陽)과
오군의 할거 세력을 평정하며,
양주(揚州)의 회계, 오, 단양,
여강(廬江) 6군을 점령해
강동의 대부분을 통일했다.

바이서우이(白壽彝)
《중국통사(中國通史)》

강동 지역에서 굳건히 자리를 잡은
남방의 강호가 되었어.

손책의 명성은
중원의 제후들까지 떨게 했지.

손책이 강동을 병합하자
조조는 그를 달래려고 했다.
동생의 딸을 손책의 작은 동생인
손광(孫匡)에 시집 보내고, 또한
아들 조장(曹章)은 손분(孫賁)의 딸을
맞게 했다. 예법에 따라 손책의 동생인
손권과 손익(孫翊)을 관직에 추천했고,
양주(揚州) 자사 엄상(嚴象)에게 명해
손권을 무재(茂才)로 추천하게 했다.

《삼국지(三國志)·
손파로토역전(孫破虜討逆傳)》

서기 200년… 원소와 조조의 결전으로
허창이 비었다. 손책은 방향을
바꾸어 북상해 허창을 습격했고,
황제를 협박해 제후로 봉해졌다.

장따커(張大可)《장따커 문집(張大可文集)·
삼국사(三國史)》

손책이 황조를 격파한 뒤
진등(陳登, 광릉태수)과 접전을 펼쳤다.
군이 단도(丹徒)에 이르러 군량 수송을
위해 잠시 멈춰 섰다.

마즈제(馬植傑)《삼국사(三國史)》

손책 고양이가 강동의 군사들을
이끌고 북상하려던 때쯤,

전진

---

110) 회계(會稽) : 장강 하류 강남 일대 지역. – 역주.

갑자기 어디선가 화살이 날아와서

(손책은) 미리 매복한
3명의 자객을 만났고,
이들은 근거리에서
화살을 쐈다.
장따커(張大可)
《장따커 문집(張大可文集)·
삼국사(三國史)》

손책이 분발해 한 명을
화살로 명중시켰지만,
자신도 크게 다쳤다.
다른 두 자객은 뒤따라온
기병들에 의해 죽임을 당했다.
장따커(張大可)
《장따커 문집(張大可文集)·
삼국사(三國史)》

손책 고양이를 명중시켰어.

화살을 쏜 사람은
손책에게 패했던 옛 강동 세력이었지.

이 세 자객은 예전의 오군 태수
허공의 식객들이었다.
자기 주인의 원수를 갚기 위해
손책이 자주 홀로 사냥하러 다닌다는
점을 알아내 기습 작전을 감행했다.
장따커(張大可)
《장따커 문집(張大可文集)·삼국사(三國史)》

손책이 죽음을 앞두고 있을 때, 강동 정권이 곧 존망을 좌우하는 도전을 받을 것이라는 점을 잘 알았다. 그래서 "강동을 지키고 상황을 관망하라"는 유언을 남기며 원래의 계획이었던 허창 습격, 북상 후 전국 통일을 포기하고 강동 정권을 지키며 인내심을 가지고 때를 기다릴 것을 주문했다.

군사과학원(軍事課學院)
《중국 군사 통사(中國軍事通史)》

목숨이 왔다 갔다 하던 순간,
손책 고양이는 손씨 가문의 정권을 견고하게
만드는 일이 얼마나 중요한지 깨달았고,

가문의 운명을 위해서
그는 모든 것을 자기 동생에게 맡기고 떠났어.

손책이 죽으면서
큰 동생 손권을
자신의 후계자로 정했다.

마즈제(馬植傑)
《삼국사(三國史)》

그가 바로 손씨 가문의 3대 주인,

손권(孫權) 고양이야!

손권의 자(字)는
중모(仲謀)이고…
5년, 손책이 사망하자,
대사를 손권에게 맡겼다.
《삼국지(三國志)·
오주전(吳主傳)》

하지만 이 중책을 맡았을 때
손권 고양이의 나이는 겨우 열아홉 살이었고…

동생이 자리를 물려받으니,
그의 나이 열아홉 살이었다.
푸러청(博樂成)
《중국통사(中國通史)》

서로 속고 속이던 난세에서

▶ 손씨 가문은 어떻게
세력을 키워야 했을까? ◀

산간 지대 백성들은 여전히
지방 세력 우두머리의 통제를 받았고,
손씨 정권의 배급도 마다했다…
손책이 죽자, 예전에 손책이 추천해
여강 태수로 삼았던 이술(李術)이
손권을 따르지 않고, 손권에 반대하는
사람들을 맞아들였다… 민심을
안정시키고 정권을 강화하는 것이
손권의 가장 중요한 임무였다.
마즈제(馬植傑)《삼국사(三國史)》

이어서 계속

편집자의 말 ◇◇◇◇◇◇◇◇◇◇◇◇◇◇◇◇◇◇◇◇◇◇◇◇◇◇◇◇◇◇◇

《삼국연의(三國演義)》에서는 손책을 부르는 말 중에 '소패왕'만큼 사람들에게 강한 인상을 남긴 이름은 없다고 과장한다. 이는 그가 전쟁에 나갈 때 영민하고 용맹스러우며, 성격도 시원시원하고 거친 데다가 심지어 살육이 지나친 면까지 패왕 항우와 비슷하다고 해서 붙여진 이름이다. 하지만 그를 그저 무인으로만 본다면 이는 편파적인 시각이다. 손견이 죽은 뒤, 남은 부하들은 모두 원술에게 흡수되었다. 만약 손책이 온갖 방법으로 원술을 접대해 결국 아버지의 남은 부하들을 돌려받고 살아날 힘을 얻지 않았다면, 손씨 가문은 패업을 이루기가 매우 어려웠을 것이다. 제후들이 중원에서 패권을 다툴 때, 손책은 혜안이 있었기에 군사들을 이끌고 남하해 강동을 점령했다. 손책은 계책뿐만 아니라 담력과 식견도 갖췄고, 인재를 알아보고 사랑했다. 그의 곁에 있던 주유와 장소는 모두 그와 깊은 정을 나눴다. 그들은 손책이 죽은 뒤에도 그에 대한 깊은 충심으로 손권을 보좌했고, 전쟁에서 공도 세웠다. 동오(東吳) 정권은 손견으로부터 시작되어 손책에서 부흥하고 손권에서 완성되었다고 말할 수 있다. 그중 아버지의 대업을 이어받아 동생에게 물려준 용감하고 지혜로운 손책은 영웅이라 불리기에 충분한 인물이었다.

손책 역 – 튀긴 꽈배기

손권 역 – 꽈배기

참고 문헌 : 《삼국지(三國志)》, 《태평어람(太平御覽)》, 《후한서(後漢書)》, 《자치통감(資治通鑑)》, 왕중뤄(王仲犖)《위진 남북조사(魏晉南北朝史)》, 푸러청(傅樂成)《중국통사(中國通史)》, 마즈제(馬植傑)《삼국사(三國史)》, 바이서우이(白壽彝)《중국통사(中國通史)》, 장따커(張大可)《장따커 문집(張大可文集)·삼국사(三國史)》, 톈위칭(田餘慶)《진한위진사 탐구(秦漢魏晉史探微)》, 군사과학원(軍事課學院)《중국 군사 통사(中國軍事通史)》, 법률출판사(法律出版社)《중국 법제 통사(中國法制通史)》, 거젠슝(葛劍雄)《중국 이민사(中國移民史)》

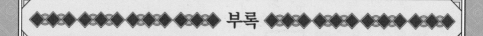
얼굴을 망가뜨려 죽이다

손책은 얼굴에 화살을 맞았는데,
원래 안정을 취하며 쉬면 치료할
수 있었어. 하지만 그는 얼굴에
상처를 입었다는 사실에 불같이
화를 내다가 상처가 터져 죽고
말았지.

같은 운명을 타고난 부자

손견과 손책 부자는 모두 혼자서 말
을 타고 외출하는 것을 좋아했어.
그렇게 둘 다 거의 무방비 상태에서
적이 쏜 화살에 맞아 죽고 말았지.

소패왕 손책

'소패왕'이라는 손책의 별명은
《삼국연의(三國演義)》의 작가
가 지은 것이었어. 손책이 서초
패왕이었던 항우처럼 똑똑하
고 용맹하며 호전적이라는 뜻
이었지.

야옹이들의 프로필

<너무 무서워>

<도전의 의미>

튀긴 꽈배기

사수자리
생일 : 12월 5일
키 : 185cm
잘 못 하는 것 : 여자 마음
맞추기
가장 좋아하는 음료 : 콜라

(인간 튀긴 꽈배기 소개)

제 47 장

●

가업을 지켜낸 손권

동한 말기, 불안정한 군웅할거 시기에

동한 황조는
갈수록 힘을 잃었고,
뒤이어 군벌의 할거와
혼전 국면이 나타났다.

주사오허우(朱紹侯)
《중국 고대사(中國古代史)》

경쟁이 치열했던 중원에서 벗어나
남방으로 내려가 힘을 키우려 했던
이들이 있었으니

손책이 흥평(興平) 2년에
명을 받아 강을 건너
전투를 벌였고, 가는 곳마다
그를 막을 자가 없었다.
얼마 지나지 않아
강동에 근거지를 만들었다.

왕중뤄(王仲犖)
《위진 남북조사(魏晉南北朝史)》

그게 바로 손씨 가문이었어.

손책이 강남을 평정한 것은
손씨 가문이 함께 싸워
일군 결과라 할 수 있다.
고단샤
《중국의 역사4 –
삼국지 이야기, 후한 삼국 시대
(中國的歷史4 – 三國志的故事,
後漢三國時代)》

손씨 가문의 우두머리는
전투력이 뛰어났지만

손책은 기개가 호방하고
실행력이 뛰어났으며,
용맹함과 예리함은 누구보다
출중했고, 비범한 인재들을
찾아 휘하에 두었으며,
나라를 통일하고자 하는
뜻을 품었다.

《삼국지(三國志)·
손파로토역전(孫破虜討逆傳)》

명이 짧아서…

…(손책이) 밤이 되어 죽으니
나이가 스물여섯 살이었다.

《삼국지(三國志)·
손파로토역전(孫破虜討逆傳)》

이제 막 사업을 시작하려는데
적에게 암살당했지….

5년, 손책이 사망하자,
대사를 손권에게 맡겼다.

《삼국지(三國志)·
오주전(吳主傳)》

앗!

그래서
손씨 가문의 미래라는 중책은
동생인 손권 고양이에게 돌아갔어.

손책이 죽음을
앞두고 있을 때, 강동 정권이
곧 존망을 좌우하는
도전을 받으리라는 것을
잘 알았고… 원래의
계획이었던 허창 습격과
북상 후 전국 통일을
포기하고 강동 정권을
지키며 인내심을 가지고
때를 기다릴 것을 주문했다.

군사과학원(軍事課學院)
《중국 군사 통사(中國軍事通史)》

손권 고양이는 정말 힘들었어.

나이도 어린데
아빠도 돌아가셨지….

손권은…
열아홉 살에 아버지와
형의 대업을 물려받았다.

장따커(張大可)
《장따커 문집(張大可文集) ·
삼국사(三國史)》

손견은… 황조의 병사가 쏜
화살에 맞아 죽었다.

《삼국지(三國志) ·
손파로토역전(孫破虜討逆傳)》

넌 할 수 있어

형도 죽었지….

부탁한다!

5년, 손책이 원수에 의해
암살되었다.
푸러청(傅樂成)
《중국통사(中國通史)》

게다가 눈앞에 놓인 복잡한 상황들까지
처리해야 하니 말이야.

손씨 가문은 당시 아주
위험한 상황에 있었어.

깊고 험한 산간 지역의
산월(山越)과 지방 세력은 징집에
응하지 않았다. 손씨 정권 내에
있는 북방에서 온 유랑인사들은
개인의 안위를 위해 거취를 걱정해
상황을 관망하거나 배회했고,
손권과는 견실한 군주와 신하의
관계를 확립하지 않았다. 몇몇
군수나 장수들은 심지어
반란을 도모했다.
군사과학원(軍事課學院)
《중국 군사 통사(中國軍事通史)》

이때 원술은 여포, 유비와의
서주 쟁탈전에 바빴고,
조조는 장수를 공격하고
여포를 제거하느라 바빴으며
원소와의 결전도 준비하고 있었다.
모두가 강동을 신경 쓸
겨를이 없었다.

군사과학원(軍事課學院)
《중국 군사 통사(中國軍事通史)》

밖으로는 중원의 군벌들이
지금은 서로 싸우고 있지만

언제 전쟁이 마무리되고
강동으로 넘어올지 모르는 상황이었고,

북방의 조조가…
원소 집단을 없애고
기주, 유주, 병주, 청주 4개 주를
모두 거둬들였다. 이로써 가장 큰
할거 세력이 되었다…
조조는 강릉(江陵)에서 강을 타고
동쪽으로 내려가는 계획을 세웠다…
강동을 손에 넣으려 했다.

바이서우이(白壽彝)
《중국통사(中國通史)》

손씨 가문이 남방에서 정권을 세웠다고는 하지만…

손견, 손책이 비록
너무 일찍 죽었지만,
그들은 아주 강한
군대를 이끌었고,
넓은 근거지를 마련했다.

바이서우이(白壽彝)
《중국통사(中國通史)》

강동의 호족들은 여전히 말없이
그들을 지켜보고 있었지.

지방 세력들은…
모두 상황을 관망했다.
마즈제(馬植傑)
《삼국사(三國史)》

심지어 군대 내에서는
자꾸만 반란이 일어났어.

손권의 사촌 형이자 오정(烏程)에
주둔하고 있던 중랑장 손병(孫賁)은
장수와 병사들을 모아 회계를
공격하고 손책의 자리를 강탈하려 했다.
또 다른 사촌 형인 여릉(庐陵) 태수
손보(孫輔)가 손권이 강동을
지키지 못할까 근심해 조조에게
사람을 보내 도움을 요청했다.
손책이 추천해 여강 태수가 되었던
이술은 강동에서 도망친 사람들을
받아들이고 돌려보내려 하지 않았다.
군사과학원(軍事課學院)
《중국 군사 통사(中國軍事通史)》

이런 수많은 골칫거리 때문에
손권 고양이는 슬퍼할 새도 없었지….

그는 먼저 아버지와 형을 따르던
부하들을 중용하기로 했고,

손권은 장소를
사부로 예우하고,
주유, 정보(程普), 여범(呂範) 등을
장군으로 임명했다.
《삼국지(三國志)·오주전(吳主傳)》

군대 통치를 강화했어.

이술이
손권을 따르지 않고…
성을 공격해 이술의 목을
매달았고, 그의 군대
3만여 명을 데려갔다.
《삼국지(三國志)·
오주전(吳主傳)》

그리고 손씨 정권의 힘을 키울 방법을 생각했지.

손권과 그를 지지하는
자들은 강동을 지키라는
손책의 유언을 결연히
집행했다… 정권을 강화하고
군사 반란을 평정했다.
군사과학원(軍事課學院)
《중국 군사 통사(中國軍事通史)》

그런데 힘을 어떻게 키우지?

동한 말기,
남방 지방에는 여전히 많은
토족 정권들이 있었어.

이 일대(지금의 완난(皖南),
저시(浙西), 지앙시(江西) 일대)의
토족들은 한 말기에 부락 공동체로
생활하고 있어 당시에는
'산월(山越)'이라 불렸다.

왕중뤄(王仲犖)
《위진 남북조사(魏晉南北朝史)》

그들은 스스로 파벌을 만들고
정부에 복종하지 않았지.

산월은 본래
월(越)나라 사람들인데,
산의 험함을 믿고 왕에게
조세를 바치지 않아서
산월이라 불렸다.
《자치통감(資治通鑑)·
한기(漢紀) 56》

이 막무가내들이야말로…
힘을 쓰기 좋은 상대였어.

동오 정권 초기,
산월의 땅을 빼앗기 위해
그들을 둔전에 종속된
농민으로 만들었고,
강제로 농사를 짓고
병사가 되게 했다.
왕중뤄(王仲犖)
《위진 남북조사(魏晉南北朝史)》

그래서 손권 고양이는 군대를 보내
그들을 혼내주었지.

각지로 장수들을 파견해
산월을 진압하고 달랬으며,
명령에 따르지 않는 자들은
토벌했다.
《삼국지(三國志)·오주전(吳主傳)》

하지만 '죽이는 것이 목적이 아니라,
굴복시키는 것이 진짜 의도다'라는 원칙에 따라

손오 정권은
산월을 정복한 뒤,
강한 자는 병사로,
약한 자는 농민으로 만드는
정책을 펼쳤다.
바이서우이(白壽彝)
《중국통사(中國通史)》

손권 고양이는 파벌만 무너뜨린 뒤,

남자들은 데려가 군대에 편입시키고,

> 대략적인 통계에 따르면
> 동오군은 20만여 명이었고,
> 그중 정예병은
> 10만여 명이었는데,
> 이들은 산월 사람으로
> 조직한 것이었다.
>
> 왕중뤄(王仲犖)
> 《위진 남북조사(魏晉南北朝史)》

여자들은 데려가 농사를 짓게 했어.

> …붙잡은 산월 사람 중
> 늙은이나 여자들은
> 국가에 종속된 자작농과
> 둔전 농민으로 만들었다.
>
> 바이서우이(白壽彝)
> 《중국통사(中國通史)》

이렇게
토착 세력 문제를 해결했을 뿐만 아니라

손권이 돌아와…
산월을 토벌하고
모두 평정했다.
《자치통감(資治通鑑)·
한기(漢紀) 64》

손씨 가문의 힘도 키울 수 있었지.

…산간 지대 백성에게서
일정 수의 병사와 물자를
차출했고, 이로써
손씨 정권의 힘이
더욱 커졌다.
마즈제(馬植傑)
《삼국사(三國史)》

손권 고양이의 노력에 강동의 호족들도
점점 그를 인정하기 시작했고,

손권의 동오 정권은…
강동과 환남(皖南) 지방
지주들의 지지를 받았다.
왕중뤄(王仲犖)
《위진 남북조사(魏晉南北朝史)》

그때부터 잇달아 항복해왔어.

그렇게 되니
인재들도 많아지고…

손권은… 여러 차례 산월을
공격해 정부의 둔전제도 기초를
넓혔고, 힘을 보탠 공신들에게
소속 농민을 나눠 주었다.

[주석 - 주로 강동과 환남의
힘 있는 지방 지주였다.]

왕중뤄(王仲犖)
《위진 남북조사(魏晉南北朝史)》

동오에서 시행된 둔전제도는
그 범위가 매우 넓어졌다…
강남의 경제 발전을 크게 촉진했다.

마즈제(馬植傑)《삼국사(三國史)》

경제적으로도 아주 큰 도움을 얻었지.

그렇게 손씨 가문 정권은 비로소 강동에서
견고하게 자리 잡고 발전하게 되었어.

인재를 모아 결속시키고
각각의 위치에 배치했고…
산월을 진압하고 달랬으며,
명을 따르지 않는 자는
토벌했다… 손권의 강동 통치가
견고해졌다.

마즈제(馬植傑)《삼국사(三國史)》

손권 고양이는 아버지와 형의 소원을 이루고,

손권은… 내부 반란을
잠재웠을 뿐만 아니라
외부의 압박도 견뎌냈고,
정권 교체 시기의 위기를
잘 극복해 강동을 지키라는
손책의 유언을 이루었다.

군사과학원(軍事課學院)
《중국 군사 통사(中國軍事通史)》

자신 역시 풋풋한 소년에서
신하들의 주인이 된 거야.

동생 손권이 대신
그들을 이끌었다.
손권은 인재를 잘 알아보고
적절히 기용했다…
강동은 기쁜 마음으로
복종했다.

왕통링(王桐齡)
《중국전사(中國全史)》

은밀히 말하기를,
"…황조를 없애고, 나아가
유표를 공격해서 장강 유역을
차지해 자기 손에 넣은 후에
자신을 제왕이라고 칭하고
천하 통일을 도모하는
것입니다."

《삼국지(三國志)·
주유노숙여몽전
(周瑜魯肅呂蒙傳)》

그래서 그는 군대를 이끌고 북상했어.

서로 맞닿아 있던
형주[111]가 그의 첫 번째 목표였지.

荊
형

노숙이 나아가 말했다…
"형초(荊楚) 땅은 우리와 인접해 있고,
강은 북쪽으로 흐르며, 밖으로는
장강과 한수가 두르고 있고,
안으로는 험준한 산릉이 있으며
견고한 성이 있고… 만일 이곳을
차지한다면, 이는 제왕의
자본이 될 것입니다."

《삼국지(三國志)·
주유노숙여몽전 (周瑜魯肅呂蒙傳)》

---

111) 형주(荊州) : 지금의 후베이(湖北)성 징저우(荊州)시 지역. - 역주.

하지만 그가 전력으로
공격해 들어가려고 할 때쯤,

건안 8년(203년)까지
동오는 황조를 공격했다…
손권이 장강 전체를 점령하고
자신의 전략적 방침을
정식으로 확립하는 것을
상징했다.
군사과학원(軍事課學院)
《중국 군사 통사(中國軍事通史)》

북쪽의 패주 조조 고양이는
이미 형주를 점령하고,

하구(夏口)에 도착해,
조조가 벌써 형주로
향했다는 소식을 들었다.
《삼국지(三國志)·
주유노숙여몽전
(周瑜魯肅呂蒙傳)》

조조가 형주를 점령했다.
바이서우이(白壽彝)
《중국통사(中國通史)》

이어서 남방으로 내려갈 생각이었어.

건안 13년(208년)…
조조가 20만(80만이라고 불리는)
병사를 이끌고 강릉에서
강을 타고 내려왔다.
린젠밍(林劍鳴)
《진한사(秦漢史)》

그리고 조조의 대군과 함께 내려온
중요한 고양이가 하나 있었으니…

그게 누굴까?

…포부가 크고 사람이
너그럽고 후하며 인재를
잘 알아보고 선비를
잘 대우했다.
한 고조의 기풍과
영웅의 그릇을 갖추었다.
《삼국지(三國志)·선주전(先主傳)》

이어서 계속

편집자의 말 ◇◇◇◇◇◇◇◇◇◇◇◇◇◇◇◇◇◇◇◇◇◇◇◇◇◇◇◇◇◇◇◇◇◇

　　젊은 시절, 손책은 강동을 근거지로 삼고, 현지의 지방 세력들과 명문 호걸들을 무력으로 진압했다. 이에 따라 손씨 가문과 강동 명문 가문들 사이에는 큰 긴장감이 흘렀다. 손권이 가문을 물려받은 뒤, 손씨 가문의 방침은 '강동을 지키는 것'이었다. 강동에 뿌리를 박고 오래 발전을 도모하기 위해서는 반드시 강동 명문 가문들의 지지를 얻어야 했다. 손권은 과감하게 어질고 현명한 인재들을 등용했고, 전국의 선비들을 받아들여 자신의 힘을 키웠다. 이로써 손씨 가문에 대한 대중의 평가가 바뀌었다. 또한, 온갖 방법을 동원해 강동 명문 가문들과의 관계를 개선하려 했다. 예를 들어 그들 중에서 유명 인사를 기용하고, 농민들을 나눠주며, 그들과 혼인을 맺는 등의 방법을 사용했다. 손권의 노력으로 명문 가문들의 경제적 힘이 세지면서, 그들은 손권의 능력과 결심을 깨닫게 되었다. 양측은 결국 서로 협력해서 산월을 진압하고 달랬으며, 인재를 중시했다. 명문 가문과의 연합은 강동의 발전을 촉진했을 뿐만 아니라 손씨 가문의 통치를 강화했다. 손권은 아버지와 형의 기대에 어긋나지 않게 "자식을 낳으려면 손권처럼"이라는 찬사를 받았다.

손권 역 - 꽈배기

참고 문헌 : 《삼국지(三國志)》, 《자치통감(資治通鑑)》, 푸러청(傅樂成) 《중국통사(中國通史)》, 바이서우이(白壽彝) 《중국통사(中國通史)》, 주사오허우(朱紹侯) 《중국 고대사(中國古代史)》, 왕중뤄(王仲犖) 《위진 남북조사(魏晉南北朝史)》, 고단샤 《중국의 역사4 - 삼국지 이야기, 후한 삼국 시대(中國的歷史4 - 三國志的故事, 後漢三國時代)》, 장따커(張大可) 《장따커 문집(張大可文集)·삼국사(三國史)》, 군사과학원(軍事課學院) 《중국 군사 통사(中國軍事通史)》, 마즈제(馬植傑) 《삼국사(三國史)》, 젠보짠(翦伯贊) 《중국사강요(中國史綱要)》, 왕통링(王桐齡) 《중국사(中國史)》, 린젠밍(林劍鳴) 《진한사(秦漢史)》

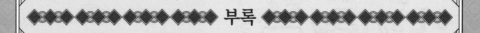

옷을 벗겨 흉터를 세다

손권은 자기 부하를 매우 아꼈
어. 그래서 부하들에게 옷을 벗
어 전쟁 중에 입은 상처를 보여
달라고 하고, 상처가 어떻게 생
긴 것인지 하나하나 물은 뒤 큰
상을 내렸어.

직접 옷을 갈아입히다

손권은 부하를 매우 친밀하게 대
했어. 그래서 부하가 크게 다쳤을
때, 직접 옷도 갈아입혀 주었지.

바닷길을 열다.

가업을 이어가는 과정에서
손권은 경제 발전에 적극적
이었어. 그는 강동에서 동북
으로 가는 해상 교통 수단
을 만들고 중국 고대 해운
발전을 촉진했지.

야옹이들의 프로필

<나는 꽈배기>

<튀긴 꽈배기? 그냥 꽈배기?>

꽈배기

염소자리
생일 : 12월 24일
키 : 178cm
잘 못 하는 것 : 지리
가장 좋아하는 음료 : 사과주스

(인간 꽈배기 소개)

217

제 48 장

•

몰락한 귀족, 유비

난세의 영웅이라고 불리는 사람들이
여기저기서 나타났어….

한 말기, 나라가 혼란에 빠지고
영웅호걸들이 함께 봉기했다.
《삼국지(三國志)·무제기(武帝紀)》

난세 속 동한에서

3국의 분쟁은 한 헌제 초평 원년
동방의 주와 군에서 동탁을
토벌하기 위해 군을 일으키면서
시작되었다… 법이 무너지자
중앙 정부의 명령이 지방에서
행해지지 않았고, 야심가들이
그 기회를 틈타 잇달아 할거했다.
나라가 큰 혼란에 빠질 수밖에
없었던 것이다.

뤼쓰미안(呂思勉)《삼국사화(三國史話)》

어떤 영웅은 가문의 힘으로

원소, 자(字)는 본초(本初)이고…
고조부 원안은 한의 사도였다.
원안부터 4대째 삼공을 지냈고,
그 권세가 대단했다.
《삼국지(三國志)·
동이원유전(董二袁劉傳)》

어떤 영웅은 전쟁을 통해서 나타났지.

> 황건적의 난이 폭발하고
> 조조는 기도위[112]에 임명되었다.
> 명령을 받고 노식[113] 등과 군을 합쳐
> 영주에서 황건적을 공격했고,
> 결국 황건적을 대파하고
> 수만 명을 참수했다.
> 이후 제남 재상이 되었다.
> 바이서우이(白壽彝)
> 《중국통사(中國通史)》

이렇게나 많은 난세의 영웅들 속에서
스타일이 조금 다른 고양이가 하나 있었어.

> 유비의 가문이 중도에 몰락해
> 군웅이 되기에 좋은 조건을
> 갖추진 못했다.
> 군사과학원(軍事課學院)
> 《중국 군사 통사(中國軍事通史)》

> 선주는 성이 유(劉), 휘가 비(備)이고,
> 자(字)는 현덕(玄德)이다.
> 탁군 탁현[114] 사람이다.
> 《삼국지(三國志) · 선주전(先主傳)》
>
> (유비는) 자신에게 의지하는
> 농민인 빈객(賓客)이나 도부(徒附),
> 그리고 자원하는 병사가 있어서
> 이들로 군을 조직할 수 있는 것도
> 아니었고, 관직도, 근거지도,
> 재력도 없었다.
> 군사과학원(軍事課學院)
> 《중국 군사 통사(中國軍事通史)》

그가 바로 '3무'의
지지리도 재수가 없던
유비(劉備) 고양이야.

---

112) 기도위(騎都尉) : 황제를 호위하는 기병의 관직.– 역주.
113) 노식(盧植) : 동한 말기 학자이자 무인, 정치가. – 역주.
114) 탁군 탁현(涿郡 涿縣) : 허베이(河北)성 바오딩(保定)시 지역. – 역주.

유비 고양이는 매우 가난했어.

유비는 어려서 아버지를 잃고
가정 형편이 어려웠다.
바이서우이(白壽彛)
《중국통사(中國通史)》

그는 한고조 유방의 후예라는
말이 있었지만

한고조 유방

한 경제의 아들 중산정왕(中山靖王)
유승(劉勝)의 후예다.
《삼국지(三國志)·선주전(先主傳)》

효경 황제는 문제의 태자다.
《한서(漢書)·경제기(景帝紀)》

효문 황제는 고조의 중간 아들이다.
《한서(漢書)·문제기(文帝紀)》

그의 대에서는 신발 장수로 전락한 상태였지.

으…

한고조 유방

1,000원도
필요 없음.
998원이면 됨.
야(ㅋ)+슈즈
가져가세요.

선주는 어려서
부친을 여의고
어머니와 함께 신발을 팔고
자리 엮는 것을
생업으로 삼았다.
《삼국지(三國志)·
선주전(先主傳)》

빈털터리였지만,
유비 고양이는 가슴에 큰 뜻을 품고 있었어.

어린 나이에도 어른스러웠던
유비는 비록 처한 환경은
어려웠지만, 자신의 미래에
대해 동경과 희망을 가득 품었다.
그는 반드시 어느 날
이 가난을 벗어나 큰일을
할 수 있을 것이라고 믿었다.
바이서우이(白壽彝)
《중국통사(中國通史)》

그는 가난한 집안 환경 때문에 고개 숙이지 않았고
오히려 굳건한 끈기를 배웠지….

어려운 일을 만나도
좌절하지 않고,
다른 사람에게
굴복하지도 않았다.
《삼국지(三國志)·
선주전(先主傳)》

괜찮아,
3일은 더
굶을 수 있어…

유비 고양이는 자신을 발전시킬 방법을
열심히 모색했어.

열다섯 살이 되어 어머니가
학문을 익히도록 하자,
동종(同宗)인 유덕연(劉德然),
요서(遼西) 사람 공손찬(公孫瓚)과
함께 예전에 구강(九江)태수를
지낸 같은 군 출신의 노식을
섬기게 되었다.
《삼국지(三國志)·선주전(先主傳)》

다만, 그는 공부는 그다지 좋아하지 않았고…

선주는 책 읽는 것을
그렇게 즐기지는 않았다.
《삼국지(三國志)·
선주전(先主傳)》

쿨~ 쿨~ 쿨~

친구를 사귀고 노는 것을 더 좋아했지….

개나 말, 음악,
아름다운 의복을 좋아했다…
호방하고 의협심이 있는
사람들과 관계 맺는 것을
좋아했다.
《삼국지(三國志)·선주전(先主傳)》

이 점은 그의 조상 유방과
아주 비슷한 부분이었어….

고조는… 주색을 좋아했다.
늘 왕온(王媼)과 무부(武負)의
술집에 가서 외상으로
술을 마셨으며 술에 취하면
드러누웠다.
《한서(漢書)·고제기(高帝紀)》

유祖전传

한고조 유방

동한 말기에 농민들의 봉기가 일어나면서

영제 말기,
황건적이 일어나고,
주와 군에서 각자
군을 일으켰다.
《삼국지(三國志)·
선주전(先主傳)》

서기 184년에
황건적이 일어났을 때,
유비는 스물네 살이었다.
그는 군사를 모으고 말을 사서
이 기회에 공을 세워
명예를 높이고
가난에서 벗어나려 했다.
장따커(張大可)
《장따커 문집(張大可文集)·
삼국사(三國史)》

유비도 군에 들어가 진압에 참여했고,

경험
쌓으러
가자!

전쟁에서 공을 쌓아 작은 관직도 맡았지.

선주는 부하들을 이끌고
교위 추정(鄒靖)을 따라
황건적을 토벌해 공을 세우고
안희(安喜)현의
보좌관이 되었다.
《삼국지(三國志)·선주전(先主傳)》

몰락한 귀족, 유비

불안정하던 그 시대에 유비 고양이는
백성들에게 매우 잘해줬기 때문에

이때 백성들이 배가 고파서
떼 지어 노략질하고
거친 행동을 일삼았다.
유비는 밖으로는 도둑질을 막고
안으로는 재물을
풍성하게 베풀었다.

《삼국지(三國志)·선주전(先主傳)》

백성들도 그를 매우 좋아했고,
그의 인자함에 대한 소문이 자자했어.

유비는 너그럽고
인자했으며,
인재를 얻기 위해
노력할 줄 알았다.

마즈제(馬植傑)

《삼국사(三國史)》

하지만 얼마 지나지 않아
군웅할거 시대가 찾아왔고,

초평 원년…
당시 나라가 혼란에 빠져
군벌들의 혼전 국면이
형성되었다.

바이서우이(白壽彝)

《중국통사(中國通史)》

튀겨질 것
같아.

한

유비 고양이는 당시 상황이 그러하니
자신도 '창업'에 뛰어들어야겠다고 결심했지.

지금
당장
나가봐야
겠어!

세상이
이렇거나
큰데!

유비는 동한의
중랑장으로 있던
공손찬을 찾아갔다.

바이서우이(白壽彝)
《중국통사(中國通史)》

마침 당시 서주(徐州)는
군벌들의 공격을 받고 있었는데,

초평 4년, 조조는 대군을 이끌고
서주를 공격했고, 서주 목백
도겸(陶謙)이 사람을 보내
전해[115]에게 이를 알리니,
전해가 유비와 함께 이를 구했다.

바이서우이(白壽彝)
《중국통사(中國通史)》

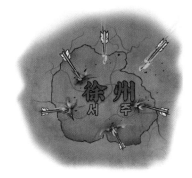

유비 고양이가 능력이 좀 있다는 이야기를 듣고
서주에서 그를 모셔가 관직을 맡겼어.

제발요!!

유 선생님!
선생님께서
채용되셨습니다!
죄송하지만
최대한 빨리
출근해주세요!

네?

서주에 도착한 후 도겸이 단양의
군사 4,000명을 유비에게 주니,
유비는 전해를 떠나 도겸을 섬겼다.
도겸은 유비를 추천해 예주 자사로
삼고 소패[116]에 주둔하게 했다.
도겸의 병이 깊어지자 수행원인
미축(麋竺)에게 말했다. "유비가 아니면
서주를 안정시킬 수 없다."
도겸이 죽자 미축은 주의 백성들을
이끌고 유비를 맞이했다.

《삼국지(三國志)·선주전(先主傳)》

---

115) 전해(田楷) : 청주 자사이자 공손찬의 부하. – 역주.
116) 소패(小沛) : 지금의 장쑤성 쉬(徐)주 페이(沛)현. – 역주.

하지만 유비 고양이가
서주에 온 지 며칠 되지 않아

원술이 유비가 서주의 목백이
되었다는 소식을 듣고,
건안 원년 6월에
병사들을 이끌고 공격했다.
바이서우이(白壽彝)
《중국통사(中國通史)》

다른 군벌에게 땅을 빼앗겼고….

또 다른 세력인 여포가 빈틈을 타
유비의 후방인 하비[117]를 습격했다…
장비는 패배했다. 여포는 유비와
군사들의 가족들을 잡아갔고,
유비는 황급히 회군했다…
결국 패했다.
바이서우이(白壽彝)
《중국통사(中國通史)》

유비 고양이는 어쩔 수 없이
같은 시기에 창업했던
조조 고양이 쪽에 의지할 수밖에 없었지.

조조   유비

패한 유비는
조조에게로 돌아갔다.
《삼국지(三國志)·선주전(先主傳)》

---

117) 하비(下邳) : 지금의 장쑤성 피(邳)주. – 역주.

같은 시기의 '영웅 연습생'인 조조 고양이는
유비 고양이를 매우 신임했어.

조조가 그를
후대했다.
《삼국지(三國志)·
선주전(先主傳)》

그를 등용했을 뿐만 아니라

조조는 그를 매우 중용했다…
그래서 유비를 예주 목백으로 추천했다.
바이서우이(白壽彝)《중국통사(中國通史)》

외출할 때도 항상 같이 다니고

나갈 때는 같은 수레에 타고,
《삼국지(三國志)·선주전(先主傳)》

밥도 항상 같이 먹었지.

신제품인데
다 별로잖아?

그러게….

앉을 때는
같은 자리에 앉았다.
《삼국지(三國志)·
선주전(先主傳)》

그렇게 유비 고양이는 조조 고양이의
유능한 조수가 된 거야!

유비를 추천해
좌장군(左將軍)으로 삼고
예우가 더해졌다.
《삼국지(三國志)·
선주전(先主傳)》

하지만 어떤 뜻을 이루려던 영웅으로서,

유비 고양이는 자기만의 길을 가고 싶다는
생각을 버린 적이 없었어.

> 유비는…
> 항상 조조에게서 벗어나
> 홀로 대업을 도모할 기회를
> 모색했다.
> 장따커(張大可)
> 《장따커 문집(張大可文集)·
> 삼국사(三國史)》

조조 고양이 곁에서 몸을 낮추고 있었던 것은,
그저 때를 기다리기 위함이었지!

> 유비는 마음이 불안해
> 벗어날 기회를 찾고 있었다.
> 장따커(張大可)
> 《장따커 문집(張大可文集)·
> 삼국사(三國史)》

조조 고양이 역시
유비 고양이를 영웅이라고 인정했어.

조조의 모사 정욱(程昱)이
조조에게 말하길, "제가 보기에
유비는 재능이 출중하고
사람들의 마음을 잘 얻으니
결국 지금의 자리에서
참고 견디지 못할 것입니다.
미리 제거해야 합니다."
조조가 고심하더니 말했다.
"지금은 영웅들을 받아들여야
하는 시기인데 만약
그 한 사람을 죽여
모든 사람의 마음을 잃는다면
그렇게 하지 않는 편이 좋겠다."
바이서우이(白壽彝)
《중국통사(中國通史)》

그래서 둘이 함께 술을 마실 때

한번은 조조가 유비에게 술자리를 권하고
천하의 인물에 관해 평했다.
장따커(張大可)
《장따커 문집(張大可文集) · 삼국사(三國史)》

조조 고양이는 자기 생각을 밝혔지….

천하를 논할 영웅이라면
둘 뿐이라고 말이야!

이때 조조가 유비에게
조용히 말했다,
"지금 천하의 영웅은
오직 당신과 나뿐이오."
《삼국지(三國志)·선주전(先主傳)》

조조 고양이가 왜 유비 고양이의 마음을
알아내려 했는지는 알 수 없지만,

유비는 이때 문을 잠그고 사람들과 무청을 심고 있었는데, 조공이 사람을 시켜 문 안을 엿보게 했다. 그가 떠난 후, 유비가 장비와 관우에게 말했다. "내가 채소나 기를 사람이겠느냐? 조조가 분명 의심을 하고 있으니 더 이상 머물 수 없다."
《삼국지(三國志)·선주전(先主傳)》
주석 《오록(吳歷)》

유비 고양이는 이미 마음을 숨길 만큼 숨긴 상태였기 때문에

어느 날, 군사를 이끌고 작전을 나갔다가…

오, 그래!

조조 형! 전에 말했던 문제 있잖아. 내가 대신 가서 처리할게!

조조는 시간이 지나면 원소와 원술 연합군을 상대하기 어려울 것으로 생각해 유비 등에게 군사를 주고 가서 공격하게 했다.
바이서우이(白壽彝)
《중국통사(中國通史)》

그대로 조조 고양이의 진영을 벗어나 버렸어….

유비가 하비를 점령하고, 주령[118] 등은 되돌아왔다. 유비는 서주 자사 차주(車冑)를 죽이고, 관우를 남겨 하비를 지키게 하고 자신은 소패로 돌아왔다.
《삼국지(三國志)·
선주전(先主傳)》

내가 사장할 거야!

118) 주령(朱靈) : 조조의 장수. – 역주.

아직 힘이 부족한 유비 고양이가 다시금
난세의 홍수 속으로 뛰어든 거지.

5년, 조조가 동방으로
유비를 정벌하러 왔고
유비가 대패했다…
청주로 달아났다…
원소는 장수를 보내
도로에서 그를 맞이했다.
…유비는
원소 군에게로 되돌아갔다.
그는 은밀히
원소를 떠나고자 해서…
《삼국지(三國志)·선주전(先主傳)》

이 약육강식의 세상에서
뜻을 이루려면 대체 어떻게 해야 할까?

조조는…
다시 직접 유비를 정벌했고,
유비가 패해서
남방 형주 목백 유표를
찾아갔다.
장따커(張大可)
《장따커 문집(張大可文集)·
삼국사(三國史)》

이어서 계속

몰락한 귀족, 유비

편집자의 말 ◇◇◇◇◇◇◇◇◇◇◇◇◇◇◇◇◇◇◇◇◇◇◇◇◇◇◇◇◇◇

중국 역사를 살펴봤을 때, '평민' 계층이 '황제'가 된 경우는 정말 많지 않은데, 유비가 그중 하나라고 할 수 있다. '황제의 종친'이라는 이름표를 걸고 있다고는 하나 유비는 초기에 아무런 재산도 땅도 없이 완전히 빈손으로 집안을 일으켰다. 그래서 그의 신비한 등장은 줄곧 사람들의 열띤 토론 주제가 되어왔다. 자주 나오는 몇 가지 관점(인재들이 그를 보좌했다는 점, 황제의 종친이라는 유리함)을 제외하고, 그가 초기 혼전에 매몰되지 않을 수 있었던 이유는 아무래도 그의 강인한 인품 때문일 것이다. 황건적을 진압하고 집안을 일으켰을 때부터 조조와 영웅을 논하다가 도망쳤을 때까지 유비는 총 5명의 주인에게 의탁하거나 굴복했다. 이렇게 이곳저곳을 전전하는 고통이란 보통 사람이라면 쉽게 견딜 수 없는 것이었다. 게다가 유비는 그때까지 아직 자신의 근거지를 가지지 못한 상태였다. 하지만 그는 포기하지 않았고, 결국 바닥을 치고 다시 반등했고 패업을 이루었다. 보통 사람들은 견딜 수 없는 것을 견디고, 도모할 수 없는 것을 도모했으니 그는 조조가 말했던 '영웅'이라는 명예를 충분히 감당할 수 있는 사람이었다고 말할 수 있을 것이다.

조조 역 - 전병

유비 역 - 해바라기씨

참고 문헌 : 《삼국지(三國志)》, 《한서(漢書)》, 뤼쓰미안(呂思勉) 《삼국사화(三國史話)》, 바이서우이(白壽彛) 《중국통사(中國通史)》, 군사과학원(軍事課學院) 《중국 군사 통사(中國軍事通史)》, 장따커(張大可) 《장따커 문집(張大可文集)·삼국사(三國史)》, 마즈제(馬植傑) 《삼국사(三國史)》

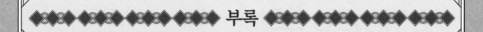
유황숙

《삼국연의(三國演義)》에서는
한 헌제가 족보에서 유비가 자
신의 삼촌뻘이라는 것을 발견
하고는 그를 '황숙(皇叔)'이라
불렀다고 했지만, 정사(正史)에
서는 헌제가 이런 친분을 알지
도 못했어.

자객을 감동시키다

어떤 자객이 유비를 죽이러 왔는
데, 이를 알지 못했던 유비는 그
를 정성껏 대접했어. 자객은 그에
게 깊이 감동해 암살을 포기했지.

농사일로 지킨 목숨

조조가 자신의 야심을 알아차리
지 못하도록, 유비는 틈만 나면
농사를 지으며 특별히 품은 뜻이
없어 보이도록 노력했어. 하지만
그래도 조조는 그가 영웅감이라
는 것을 알았지.

야옹이들의 프로필

<다 사버려!>

<꿈꾸는 해바라기씨>

황소자리
생일 : 5월 3일
키 : 180cm
잘 못 하는 것 : 자신에게
돈 쓰기
가장 좋아하는 음료 : 끓인 물

(인간 해바라기씨 소개)

239

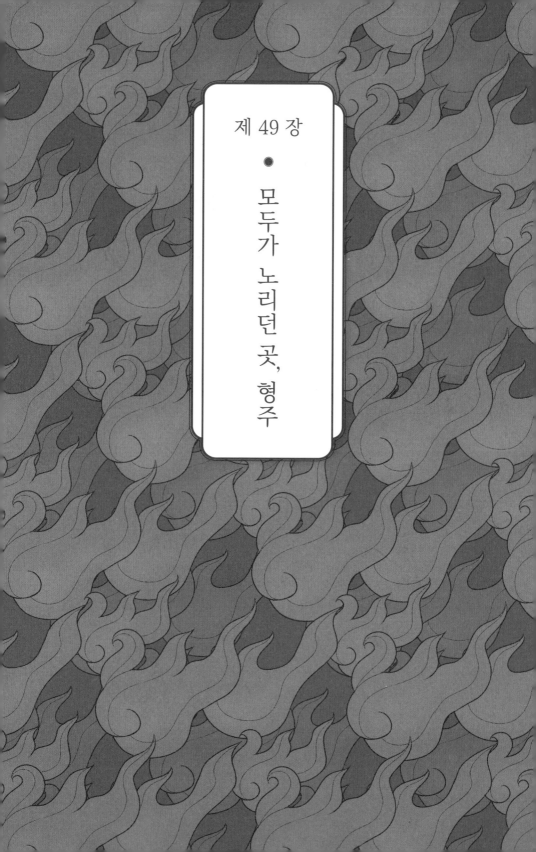

제 49 장

●

모두가 노리던 곳, 형주

동한 시절, 나라는
13개 주로 나뉘어 있었는데,

동한 시절에 전국에는
13개 주가 있었다….
법률출판사(法律出版社)
《중국 법제 통사(中國法制通史)》

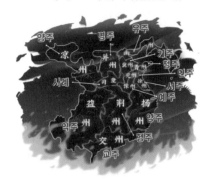

그중 형주가 가장 큰
2개의 주 중 하나였어.

황하 유역은 경제가 가장 발달한
경제 중심지였기 때문에 이는
정치 문화적 중심지이기도 했다.
강을 중심으로 이남 지역(형주)은…
땅이 넓고 사람은 적으며
어떤 지역은 아직 화경수누[120] 방식을
사용하고 있었다.
판원란(范文瀾) 《중국통사(中國通史)》

형주는 정치 중심지는
아니었기 때문에,

황제의 손길이 닿지 않는 곳

---

119) 익주(益州) : 지금의 쓰촨(四川), 충칭(重慶), 윈난(雲南), 구이저우(貴州), 한중(漢中) 대부분 지역, 미
얀마(緬甸) 북부, 후베이(湖北), 허난(河南) 일부 지역. – 역주.
120) 화경수누(火耕水耨) : 전해에 경작하지 않은 땅의 잡초를 태운 후에 물을 대고 볍씨를 뿌려서 짓던
원시적인 벼농사 방법. – 역주.

수도 지역이
군웅할거로 전란을 겪고 있을 때,

북방에는 각종 세력이
모두 일어난 상황이었다.
군사과학원(軍事課學院)
《중국 군사 통사(中國軍事通史)》

각 군벌은 땅과 백성을
빼앗기 위해 수년간
전쟁을 멈추지 않았다.
마즈제(馬植傑)《삼국사(三國史)》

형주는 상대적으로 평온했지.

나라가 어지러웠지만,
형주는 홀로 안전했고,
비교적 안정적이고 풍족했다.
군사과학원(軍事課學院)
《중국 군사 통사(中國軍事通史)》

전란의 시대에
평화롭고 안정적이라는 것은 사람이 많고
물자가 풍족하다는 뜻이야.

형주가 전쟁으로 입은
피해가 적은 편이어서
이곳으로 피난을 온 관서와
중앙 백성들이 아주 많았다…
경제적, 군사적인 힘도
모두 풍부한 편이었다.
마즈제(馬植傑)《삼국사(三國史)》

그래서 군벌들이 땅 전쟁을 시작했을 때,

힘 있는 할거자들은
더욱 하북, 하남에서 북방에
이르는 지역을 통일하려 했다…
근거지가 없는 장수들이…
다른 할거자의 땅에서
한 주라도 빼앗아 근거지로
삼으려 애썼다.
군사과학원(軍事科學院)
《중국 군사 통사(中國軍事通史)》

형주는 전술가들이 모두 노리는
고깃덩어리가 되었어.

형주는… 모든 전략가가
반드시 쟁취하고자 하는
땅이었다.
고단샤
《중국의 역사4 – 삼국지 이야기,
후한 삼국 시대
(中國的歷史4 – 三國志的故事,
後漢三國時代)》

당시에 이 고깃덩어리는
세 고양이의 눈에 들었는데,

다시 형주는…
조조, 손권, 유비
세 군사 집단이
쟁탈전을 벌이는 곳이었다.
쉐궈중(薛國中)
《역린집 속편(逆鱗集續編)》

하나는 북방을 통일한 조조 고양이!

…북방 강대 세력인 조조는
이미 업성에서 현무호를 파서
수중전에 대비해 적극적으로
훈련하고 있었다.
조조의 다음 공격 목표가
형주라는 것이 분명해졌다.
마즈제(馬植傑)《삼국사(三國史)》

다른 하나는 강동의 패주 손권 고양이!

동오 손씨 정권 3세는
항상 형주를 공격해왔고,
군사적으로도 항상
우위를 점하고 있었다.
마즈제(馬植傑)《삼국사(三國史)》

또 다른 하나는…

모두가 노리던 곳, 형주

가난해진 귀족 유비 고양이….

내 분량이
제일 적네.
민망하게.

아직 조조에게서
도망친 신세

심지어 형주에 의탁하고 있던
유비도 모사 제갈량의 건의로
형주를 강탈할 기회를
엿보고 있었다.
마즈제(馬植傑)《삼국사(三國史)》

유비 고양이가 형주에 온 것은
사실 힘 있는 사람에게 매달리기 위해서였어.

유비가 형주의
유표를 찾아왔다.
바이서우이(白壽彝)
《중국통사(中國通史)》

다음 장소로…

형주에서도 유비 고양이가 사실
꽤 능력이 있다는 것을 알고 있었고…

형주
荊州

유비는 미축, 손건(孫乾)을
유표에게 보내 소식을 전했고,
유표는 직접 교외에서
유비를 맞이해
귀빈으로 예우하고,
군사들을 보태어
신야[121]에 주둔하게 했다.
《화양국지(華陽國志)》

---

121) 신야(新野) : 허난성 난양(南陽)시 지역. – 역주.

그가 와서 형주를 지켜주길 바랐지.

형주 목백 유표가
그를 귀빈으로 예우하고,
군사들을 조금 내주고
신야에 주둔하게 했다.
바이서우이(白壽彝)
《중국통사(中國通史)》

그렇게 유비 고양이가 오게 되었어.

와줘서
내가
기분이
좋다!

동생이
아주
튼튼하게
생겼네!

하지만 안타깝게도…
유비 고양이의 운명이 거센 탓인지…

유비는 중원 쟁탈전에서
기복을 거듭했다.
장따커(張大可)
《장따커 문집(張大可文集)·
삼국사(三國史)》

그의 첫 주인은

적에게 패하자
중랑장 공손찬에게로 달아났다.
공손찬은 유비를 추천해
별부사마(別部司馬)로 삼았다.
《삼국지(三國志)·선주전(先主傳)》

자살했고,

공손찬은 분명 패할 것을 알고
자기 아내와 자식을
모두 죽인 뒤 자살했다.
《삼국지(三國志)·
이공손도사장전(二公孫陶四張傳)》

두 번째 주인은,

유비는 전해를 떠나
도겸을 섬겼다.
도겸은 유비를 추천해
예주 자사로 삼았다.
《삼국지(三國志)·선주전(先主傳)》

병으로 죽었으며...

도겸이 병으로 죽었다.
《삼국지(三國志) ·
이공손도사장전(二公孫陶四張傳)》

세 번째 주인은,

네!
형님!

세상에서 내가 제일
싸움을 잘하니까, 이제
넌 내가 다스린다!

유비는 여포에게
화친을 구했다.
《삼국지(三國志) · 선주전(先主傳)》

죽임을 당했지.

태조는... 여포의 목을
매달아 죽였다.
《삼국지(三國志) ·
여포장홍전(呂布臧洪傳)》

형주에 온 뒤엔?

유비가 유표에게 찾아갔다.
《삼국지(三國志)·
동이원유전(董二袁劉傳)》

형주에서 따르던 주인도 병으로 죽었어….

난 방금
나왔는데…

건안 13년(208년)…
유표가 병으로 죽었다.
《삼국지(三國志)·
동이원유전(董二袁劉傳)》

누굴 따르기만 하면 그 사람이 죽는 거야….

하지만 예외가 있었어!

여포가…
군을 이끌고 와서 공격했다.
유비는 막아내지 못하고
서주를 잃었다.

군사과학원(軍事課學院)
《중국 군사 통사(中國軍事通史)》

그것은 바로 조조 고양이였지!

유비가 패한 뒤
조조에게 의탁했다.

군사과학원(軍事課學院)
《중국 군사 통사(中國軍事通史)》

이 배신자!!

유비 고양이가 바로 그 조조 고양이에게서
도망을 나왔으니까 말이야.

난 창업하러 간다.
네 부하 따위 안 해!

흥!

조조가 그에게
예주 목백이라는 지위를 내리고
좌장군으로도 임명했다.

마즈졔(馬植傑)《삼국사(三國史)》

조조 고양이는 북방을 통일하고 나서
고민하기 시작했어….

조조가 원씨 집단을 없애고 나자
북방에는 그에게 도전할 자가 없었다…
다음 단계는 북방의 조조 집단과
남방의 할거 세력 간의 갈등이었다.

군사과학원(軍事課學院)
《중국 군사 통사(中國軍事通史)》

남방의 손씨 가문도
형주를 칠 생각이 있었는데,

…손권이 강하(江夏) 정벌로
형주를 노리는 그의 야심을
만천하에 드러냈다.

군사과학원(軍事課學院)
《중국 군사 통사(中國軍事通史)》

조조 고양이 입장에서 손씨 가문이
형주라는 고깃덩어리를 먹어버리면…

만약 형주를 뺏긴다면,
동오는 주 단위를 넘어서는
할거 세력으로 발전할 것이다.

군사과학원(軍事課學院)
《중국 군사 통사(中國軍事通史)》

남방의 저항 때문에
전국 통일이 어려워질 수 있었지.

조조는 손권이
강하 정벌로 형주를 노리는
그의 야심을 만천하에
드러낼 것이라 짐작했다…
(조조가) 남방 정복을
더 어렵게 할 것이다.
그래서 반드시 동오와
시간을 다퉈야 했다.

군사과학원(軍事課學院)
《중국 군사 통사(中國軍事通史)》

그래서 조조는 직접 대군을 이끌고
형주를 공격했어.

건안 13년 7월…
조조는 직접 대군를 이끌고
업성에서 남하해
형주를 공격했다.

마즈제(馬植傑)《삼국사(三國史)》

형주는 전쟁을 많이 치러본 곳이 아니라서…

곧장 투항했지.

…유종[122]이 조조를
맞이하기로 했다.
조조는 신야에 도착했을 때,
유종의 투항을 받아들였다.

마즈제(馬植傑)
《삼국사(三國史)》

여기서 잊지 말아야 할 것은, 그때 유비 고양이가
아직 형주에 있었다는 거야!

뭔 소릴
하는
거야!

뭐라고?!

유비가 번성[123]에 주둔해 있었다…
그는 조조가 완성[124]에 도착하고
난 뒤에야 이 상황을 알게 되었다.

마즈제(馬植傑) 《삼국사(三國史)》

---

122) 유종(劉琮) : 유표의 둘째 아들. – 역주.
123) 번성(樊城) : 후베이성 상양(襄陽)시 북쪽 지역. – 역주.
124) 완성(宛城) : 허난성 난양시 내 지역. – 역주.

그는 조조 고양이를 배신하고
형주로 도망 온 거라서

조조 형 안녕!
메롱…

기억 모드

건안 4년(199년),
유비는 조조가 그를
서주로 보내 원술을 저지하라고
명한 기회를 틈타 조조를 배신했다.
전쟁에서 패한 뒤,
북쪽으로 가서 원소를 따랐다.
원소가 패하자 다시 형주로 가서
유표에게 의탁했다.

마즈제(馬植傑)《삼국사(三國史)》

다시 급히 도망칠 수밖에 없었어.

동생들,
빨리 준비해.
이번에 새로 온
막내도
데려오고!

이봐요!
택시!

유비 고양이는 짐을 싸 들고
남방으로 도망쳤지.

유비는 힘이 너무 약해
앞뒤로 적에게 공격받았고,
그 상황이 매우 심각했다.
상의를 거쳐 그는
남방으로 후퇴하기로 결심했다.

바이서우이(白壽彝)
《중국통사(中國通史)》

그는 반드시 힘 있는 조력자를
찾아야 한다는 것을 알고 있었어!

제갈량이 말하길,
"상황이 긴박하니,
손 장군에게
도움을 요청하도록
명을 내려주소서."
《화양국지(華陽國志)》

그럼 남방에는 누가 있었을까?

맞아.
남방에는 강동의 패주, 손권 고양이가 있었지.

손권은…
강동을 점령해
세력을 형성했다.
왕중뢰(王仲犖)
《위진 남북조사(魏晉南北朝史)》

기세등등하게 다가오는 조조 고양이를 상대로

조조는 10만여 병사들을 이끌고
이 기회에 남방 정벌을 나섰다…
왕중뢰(王仲犖)
《위진 남북조사(魏晉南北朝史)》

헐레벌떡 도망쳤던 유비 고양이는…

▶ 어떻게 손권 고양이가
자신과 연합하도록
설득했을까? ◀

유비는 진군해
하구에 주둔하면서
제갈량을 보내
손권을 만나도록 했다.
《삼국지(三國志)·오주전(吳主傳)》

이어서 계속

편집자의 말 ◇◇◇◇◇◇◇◇◇◇◇◇◇◇◇◇◇◇◇◇◇◇◇◇◇◇◇◇◇◇◇◇

　　형주가 동한 말기에 반드시 차지해야 하는 땅이 될 수 있었던 것은 그곳의 풍족함뿐만이 아니라 그곳이 특수한 지리적 조건을 가지고 있었기 때문이었다. 형주는 남북을 잇는 교통의 요지였고, 남방의 동쪽과 서쪽 양측을 왕래하기 위해서는 반드시 거쳐야 하는 곳이었다. 이 외에도 형주 중부 지역을 관통하는 장강의 중류는 물길 수송의 편의성을 제공함과 동시에 천연 참호로서 외적으로부터의 방어선 역할도 했다. 조조, 손책, 유비 세 사람 모두 이런 훌륭한 지리적 조건을 이용해 자신들의 원대한 계획을 펼치려 했다. 유비는 형주를 점령한 뒤 사방으로 나아가 세를 확장하려 했고, 장강 하류에 있었던 손권은 한 걸음 나아가 장강 중류를 장악해 적들이 강을 타고 내려와 동오를 공격하는 것도 저지하고, 강을 타고 올라가서 다른 지역을 공략하려 했다. 조조는 남방의 중심을 통제하고 동쪽과 서쪽 양측을 고립시켜서 남방 전체를 더 쉽게 손에 넣고 싶어 했다. 전국의 패권을 차지하려는 시선이 형주라는 무대에 집중되었고, 그때부터 이곳에서는 우리의 심장을 뛰게 하는 수많은 역사 이야기가 펼쳐졌다.

조조 역 - 전병　　　　　손권 역 - 꽈배기　　　　　유비 역 - 해바라기씨

참고 문헌 : 《삼국지(三國志)》, 《화양국지(華陽國志)》, 법률출판사(法律出版社) 《중국 법제 통사(中國法制通史)》, 판원란(范文瀾) 《중국통사(中國通史)》, 마즈제(馬植傑) 《삼국사(三國史)》, 고단샤 《중국의 역사4 - 삼국지 이야기, 후한 삼국 시대(中國的歷史4 - 三國志的故事, 後漢三國時代)》, 쉐궈중(薛國中) 《역린집 속편(逆鱗集續編)》, 바이서우이(白壽彝) 《중국통사(中國通史)》, 장따커(張大可) 《장따커 문집(張大可文集)·삼국사(三國史)》, 왕중뤄(王仲犖) 《위진 남북조사(魏晉南北朝史)》

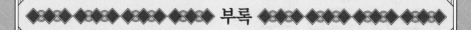

떠나지도 포기하지도 않다

유비가 형주를 떠나 남방으로 내려 갈 때, 조조는 병사들을 보내 그 뒤를 쫓았어. 이런 위급한 상황에서도 유비는 속도를 줄이고 형주 백성들을 거두고 보살폈지. 이런 행동에 사람들은 깊은 감명을 받았어.

살이 찌다

유비가 형주에 있을 때는 정말 한가했어. 그러던 어느 날, 그는 화장실을 다녀오다가 전쟁으로 다져졌던 자기 허벅지 근육이 전부 살로 바뀐 것을 발견하고는 통곡하며 울었지.

쉽지 않은 가족의 삶

유비의 아내와 아이들은 전쟁 중에도 그를 따라다니다가 세 번이나 적군에게 잡혀갔어. 영웅의 가족은 쉽게 되는 것이 아니었지.

야옹이들의 프로필

<맛있는 음식>

응. 나도 그렇게 생각해.

만두야, 네가 산 이 과자 진짜 맛있다!

자!

이름이 뭔지 좀 볼게.

악!!

열량: 879kJ/100g
지방: 97g/100g

고열량 간식

새알심, 무슨 일이야?

<마법의 거울>

거울아, 거울아, 세상에서 가장 맛있는 음식이 뭐니?

너무 자극적인 맛은 안 돼. 담백해야 해….

음, 건강식이어야 해. 너무 기름진 건 안 돼!

살도 빠지면 더 좋을 거야…

얼굴도 예뻐지면 더 좋고…

쨍!

새알심

물병자리
생일 : 2월 14일
키 : 168cm
잘 못 하는 것 : 밥하기
가장 좋아하는 음료 : 홍차

(인간 새알심 소개)

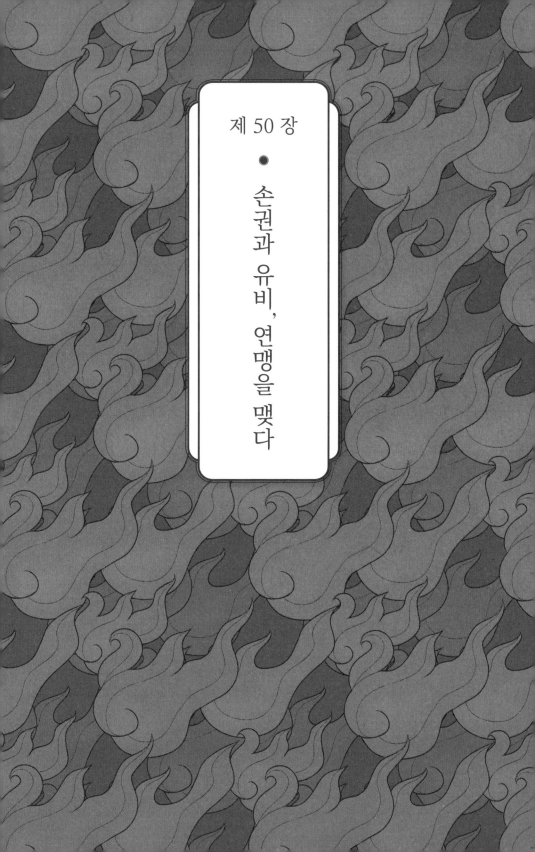

제 50 장

•

손권과 유비, 연맹을 맺다

10여 년의 혼전 끝에,

동탁이 죽고,
관동의 힘 있는 지주들의
군사 연맹은 와해를 선포한다.
각자 할거하고 서로 간의
혼전이 시작되었다.
주사오허우(朱紹侯)
《중국 고대사(中國古代史)》

동한 말기의 우두머리들은
이미 절반이 죽었고,

밀지 마세요,
줄 똑바로 서세요.

환생처

여포가 "조서가 내려졌다"라고 말하고
결국 동탁을 죽이고 삼족을 멸했다.
《삼국지(三國志)·동탁전(董卓傳)》

원소가 다시 공격해 평정시켰다.
그는 군대가 패배한 이후 병이 나서,
7년, 걱정하다 죽었다.
《삼국지(三國志)·원소전(袁紹傳)》

그해에 도겸이 병으로 죽었다.
《삼국지(三國志)·도겸전(陶謙傳)》

건안 13년 조조가 유표를 정벌하니,
도착하기도 전에 유표가
병으로 죽어버렸다.
《삼국지(三國志)·유표전(劉表傳)》

한 고양이가 북방 전체를 통일해버렸어.

건안 12년(207년),
조조는 다시 대군을 직접
이끌고 멀리 오환[125]을
정벌했고, 북방을
거의 다 통일했다.
주사오허우(朱紹侯)
《중국 고대사(中國古代史)》

---

125) 오환(烏桓) : 중국 고대 북방의 유목민족. – 역주.

그가 바로 조조 고양이야!

북방에 할거 세력들이 사라지면서

북방의 조조는 이미 조금씩
원소 집단을 없앴고,
기주, 유주, 병주, 청주
4개 주를 손에 넣었다.

바이서우이(白壽彝)

《중국통사(中國通史)》

조조는 전국 통일에 대해 생각하게 되었어.

조조가 북방을 통일한 뒤,
창끝의 방향을
남방 장강 유역으로
돌리기 시작했다.
승리의 기세를 몰아
전국 통일을 준비한 것이다.

주사오허우(朱紹侯)

《중국 고대사(中國古代史)》

손권과 유비, 연맹을 맺다

그 여정의 첫 번째 목표가
바로 형주였지!

건안 13년,
그(조조)는 직접
대군을 이끌고 남하했고,
먼저 형주로 향했다…

주사오허우(朱紹侯)
《중국 고대사(中國古代史)》

형주는 정말 좋은 곳이었어.

형주는 동서남북을 연결하는
수륙 교통에서 중요한 길목을
차지하고 있었다. 그래서 늘
전략가들이 반드시 쟁취하려 했다.

고단샤
《중국의 역사4 – 삼국지 이야기,
후한 삼국 시대
(中國的歷史4 – 三國志的故事,
後漢三國時代)》

땅도 크고…

형주는 수천 리에 달했다
(형주에는 8개의 군이 있었는데,
이는 지금의 후난,
후베이 지역을 포함한다).

왕중뤄(王仲犖)
《위진 남북조사(魏晉南北朝史)》

돈도 많았지!

(형주는) 매우 부유하고
전략적 의미도 있는
요지였다.
주사오허우(朱紹侯)
《중국 고대사(中國古代史)》

그래서
조조 고양이는 군대를 이끌고 쳐들어갔어.

건안 13년 7월,
(조조는) 남방 형주의
유표를 정벌하기 위해
진군했다.
바이서우이(白壽彛)
《중국통사(中國通史)》

손권과 유비, 연맹을 맺다

하지만 조조 고양이가 막 도착해서

조조 대군이
신야에 도착했다···.
바이서우이(白壽彝)
《중국통사(中國通史)》

뒷발이 닿기도 전에···
형주는 항복했지···.

···유종은 이를 막을 수 없다고 생각하고
형주 사람들을 이끌고 가서 조조에게 투항했다.
바이서우이(白壽彝) 《중국통사(中國通史)》

옆 동네 익주는
형주가 항복하는 것을 보더니…

조조 님 쪽쪽!

익주 목백 유장(劉璋)이
처음으로 징용을 받아들여,
군사들을 보내 군에 공급했다.

《삼국지(三國志)·
무제기(武帝紀)》

서방 익주 목백 유장은
조조가 병력과
노동력을 징집하는
명을 받아들이기 시작했고,
사람을 보내 경의를 표했으며,
이민족 수(叟) 사람으로
이루어진 병사 300명과
여러 황제 전용 물품들을
보냈다.

군사과학원(軍事課學院)
《중국 군사 통사(中國軍事通史)》

자기들도 따라서 백기를 들었어.

조조 님 저도…

그래서 뭐랄까?
조조 자신도 약간 얼떨떨해했지.

어…

형주를 공격하기 위해서
조조도 어느 정도 준비했는데,
이렇게 쉽게 형주가 손안에
들어올 줄은 예상치 못했다.

고단샤《중국의 역사4 –
삼국지 이야기, 후한 삼국 시대
(中國的歷史4 – 三國志的故事,
後漢三國時代)》

어쨌든 그렇게 가장 큰
2개의 주를 손에 넣게 된 거야….

조조는
아무 힘도 들이지 않고
형주를 점령했다….
익주 목백 유장(刘璋)이
스스로 항복했다.

장따커(張大可)
《장따커 문집(張大可文集)·
삼국사(三國史)》

유종(刘琮)의 항복은
손권 입장에서도
예상치 못한 일이었다.

고단샤
《중국의 역사4 - 삼국지 이야기,
후한 삼국 시대
(中國的歷史4 - 三國志的故事,
後漢三國時代)》

이런 상황에 깜짝 놀란
고양이가 있었으니,

바로 강동의 손권 고양이였어!

손권은
강하의 황조를 정벌하고 난 뒤,
형주를 빼앗을 생각이었다.
하지만 예상치 못하게 갑자기
원래 적이 사라지고 더 강한 적
조조가 나타난 것이다.
80만에 달한다는 조조의 수군을
상대할 생각에 손권의 진영은
크게 흔들렸다.

고단샤《중국의 역사4 -
삼국지 이야기, 후한 삼국 시대
(中國的歷史4 - 三國志的故事,
後漢三國時代)》

손권 집안 입장에서는
조조가 그렇게 땅을 집어삼키며 다가오는 것이
매우 위험한 일이었지!

그럼…
손권 고양이는 남방으로 내려오는
조조 고양이를 어떻게 상대해야 했을까?

바로 이때,
유비 고양이가 나타났어.

> 이때, 유비는
> 양양 맞은편 번성에
> 주둔하고 있었다.
> 뤼쓰미안(呂思勉)
> 《삼국사화(三國史話)》

유비는 조조를 배신하고
형주에 갔다가

> 유비는… 조조를 배신했다.
> 조조에게 패한 뒤 처음에는
> 원소를 찾아갔고,
> 나중에는 유표를 찾아갔다.
> 뤼쓰미안(呂思勉)
> 《삼국사화(三國史話)》

형주가 조조에게 항복하자
다시 도망쳤고,

> …유비가 번성에 주둔했을 때,
> 유종이 투항했다는 사실을
> 듣고 군을 이끌고
> 강릉으로 철수했다.
> 바이서우이(白壽彝)
> 《중국통사(中國通史)》

이번에는 강동에 찾아와
연합을 제안하는 동시에…

동생, 내가
할 말이 있는데
말이야.

유비는… 제갈량을 보내
시상[126]에서 손권을
만나게 하고 손권과 연합해
함께 조조에 대항할
준비를 했다.
주사오허우(朱紹侯)
《중국 고대사(中國古代史)》

조조 고양이를 손권 고양이네 집
코앞까지 끌어들였지….

조조는…
직접 군사를 이끌고
밤낮으로 추격해 유비군을
장판[127]에서 격파했다…
형주를 점령한 뒤,
곧장 강을 따라
남하할 준비를 했다.
주사오허우(朱紹侯)
《중국 고대사(中國古代史)》

찾았습니다!
손권이랑 같이
있습니다!

잡아라!

조조가
쫓아오고
있어!

---

126) 시상(柴桑) : 지금의 장시(江西)성 쥬장(九江)시 내 지역. – 역주.
127) 장판(長坂) : 지금의 후베이성 당양(當陽) 현 지역. – 역주.

이제…
손권 고양이는 신이 내린 큰 난제를 해결해야 했어.

그건 바로…

이때, 손권은 시상에 주둔하면서
상황을 주의 깊게 관찰하고 있었다.
제갈량이 찾아왔을 때도
손권은 여전히 주저하며
관망하고 있었다.

마즈졔(馬植傑) 《삼국사(三國史)》

계산기 좀 두드려 보자.

일단, 조조 고양이는 이미 문 앞까지 왔어.

(조조는) 동오의 주력군을
정벌하기 위해 직접 군을 이끌고
강릉에서 출발해 장강을 따라
수륙 양쪽에서 내려오고 있었다.
군사과학원(軍事課學院)
《중국 군사 통사(中國軍事通史)》

만약 유비 고양이를 돕는다면,

노숙이 말했다.
"유비에게 유표의 부하들
마음을 달래 한마음 한뜻으로
함께 조조에게 대항하도록
설득하라고 말해주십시오."
《삼국지(三國志) · 노숙전(魯肅傳)》

조조 고양이가 자신도 같이 공격하지 않을까?
(건드려서 좋을 게 없는데.)

그럼 유비 고양이를 돕지 않는다면?

마침 손권이 조조가
강동으로 침입하려 한다는
소문을 듣고 장수들과
상의했는데 모두 조조에게
항복하라고 했다.

《삼국지(三國志)·
노숙전(魯肅傳)》

아마 조조 고양이의 성질대로라면…
유비 고양이 다음으로 자신을 공격할 게 분명해!

네 차례야!

동오는 이미 조조가 남하해
형주를 친 것은 형주를
차지하기 위해서만이 아니라
형주를 얻은 뒤
동오를 공격하려는 뜻이라는
것을 알고 있었다.

군사과학원(軍事課學院)
《중국 군사 통사(中國軍事通史)》

만약
손권 고양이가 정말 항복한다 해도…

조조 고양이는 절대 그를
가만두지 않을 거야!

노숙이 말했다.
"장군께서 조조를
맞이하고 나면
어디로 돌아가려고
하십니까?"
《삼국지(三國志) ·
노숙전(魯肅傳)》

손권 고양이의 결론은! 어차피 다 죽음뿐이라면…

탕!

뭘 더 고민하겠어?

손권이 말했다.
"지금 몇몇 영웅은
이미 사라졌고,
오직 나만 여전히 남아 있다.
나와 사악한 적은
공존할 수 없는 상황이다."
《삼국지(三國志) ·
주유노숙여몽전(周瑜魯肅呂蒙傳)》

공격해!

서로의 이익이 같은 상황이니
유비와 손권의 의견은 단번에 일치했고,

조조는 동오의 가장
우선적인 적으로 급부상했다.
유비는… 조조에게
원한이 있었다.
손권은 제갈량의 의견에
동의했고, 양측은
협력해 조조에
대항하기로 했다.
군사과학원(軍事課學院)
《중국 군사 통사(中國軍事通史)》

둘이 함께 '괴물'과도 같은
조조 고양이를 상대하기로 했지.

손권은
주유, 정보, 노숙 등에게
수군을 이끌고 나가라고
명령했다…
강을 거슬러 올라가
유비와 함께 조조를 맞아
공격하려 했다.
마즈제(馬植傑)
《삼국사(三國史)》

그런데 어떻게 공격하지?

이때, 손권 고양이가 한 장군을 불러들였어.

노숙은 (손권에게) …를
불러오게 했다.
《삼국지(三國志)·
노숙전(魯肅傳)》

누가 와서
말썽
피우는데!

여보세요!
주유 씨?

▶ 그는 누구였을까? ◀

알겠습니다!

…자가 공근(公瑾)이며,
여강군 서(舒)현 사람이다…
건장하고 자태와 외모가
뛰어났다.
《삼국지(三國志)·
주유전(周瑜傳)》

이어서 계속

편집자의 말 ◇◇◇◇◇◇◇◇◇◇◇◇◇◇◇◇◇◇◇◇◇◇◇◇◇◇

　　손권과 유비 연맹 뒤에는 두 명의 핵심 인물인 노숙(魯肅)과 제갈량(諸葛亮)이 있었다. 그들은 각각 손권과 유비의 모사였다. 두 사람은 조조가 막 남하하려고 할 때 형주의 상황이 어떻게 될 것인지 정확하게 판단하고, 각각 상대 진영과의 협력을 건의했으며, 협력을 추진하기 위해 분주하게 움직였다. 노숙은 직접 유비를 맞이해 협력 의사를 전달했으며, 제갈량 역시 손권의 주둔지로 찾아가 이성적으로 협력의 이점을 분석해 손권을 설득했다. 그들이 열과 성을 다해 추진한 끝에 손권과 유비는 연맹을 결성하고 조조에 대항하겠다고 결심했다. 연맹 계약서에 사인을 한 건 손권과 유비지만, 배후에서 이를 추진한 노숙과 제갈량의 공을 절대 무시할 수 없을 것이다. 두 사람은 지혜와 계책으로 손권과 유비의 패업이 직면한 어려움들을 극복했고, 난세의 형국을 변화시켰다. 그들이 역사에 남긴 발자취는 그들의 주인과 비교해도 조금도 부족함이 없다고 말할 수 있다.

| 조조 역 - 전병 | 손권 역 - 꽈배기 | 유비 역 - 해바라기씨 |

참고 문헌 : 《삼국지(三國志)》, 주사오허우(朱紹侯) 《중국 고대사(中國古代史)》, 바이서우이(白壽彝) 《중국통사(中國通史)》, 왕중뤄(王仲犖) 《위진 남북조사(魏晉南北朝史)》, 고단샤 《중국의 역사4 - 삼국지 이야기, 후한 삼국 시대(中國的歷史4 - 三國志的故事, 後漢三國時代)》, 군사과학원(軍事課學院) 《중국 군사 통사(中國軍事通史)》, 장따커(張大可) 《장따커 문집(張大可文集)·삼국사(三國史)》, 뤼쓰미안(呂思勉) 《삼국사화(三國史話)》, 마즈제(馬植傑) 《삼국사(三國史)》

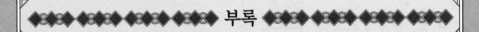
나이 차이

손권은 유비와의 연맹을 끈끈하게
만들기 위해 자기 여동생을 유비
에게 시집보내려 했어. 손권은 유
비보다 못해도 스무 살은 더 어렸
는데, 손권의 여동생이면 유비와의
나이 차이가⋯.

탁자 모서리를
베어 버리다

손권이 조조에 맞서 싸우기로 결심한
뒤에도 몇몇 부하들은 그에게 항복을
권했어. 손권은 화가 나서 탁자 모서리
를 베어 버렸고, 부하들에게 또다시 항
복에 대해 말한다면 이 탁자처럼 될 것
이라고 위협했지. 그렇게 비로소 군을
안정시킬 수 있었어.

현무지

조조는 남방으로 내려가 형주의
수군과 상대할 것을 대비하기 위
해 특별히 자신이 살던 곳에 인공
호수를 만들어 훈련했어. 그리고
그 호수의 이름을 '현무지(玄武池)'
라고 불렀지.

\<죽 1\>

\<죽 2\>

순두부

천칭자리
생일 : 10월 16일
키 : 165cm
잘 못 하는 것 : 선택하기
좋아하는 음료 : 녹차

(인간 순두부 소개)

제 51 장

•

적벽대전

동한 말기에
군벌들이 서로를 공격하며 엎치락뒤치락하면서

> 192년 4월, 왕윤 등이 동탁이 아끼던
> 장수 여포와 모의해 조정에 나가던 동탁을 죽였다…
> 군벌들의 혼전이 시작되었다.
> 푸러청(傅樂成)《중국통사(中國通史)》

10년 넘게 혼전을 거듭하다가

결국,
조조 고양이가 북부를 통일하고,

> 서기 207년…
> 북방은 관롱[128]과 요동[129] 등 지역을
> 제외하고 초반에 조조에 의해
> 통일되었다.
>
> 왕중뤄(王仲犖)
> 《위진 남북조사(魏晉南北朝史)》

손권 고양이가 강동을 지배하고,

> 손권의 자는 중모이고…
> 강동 6군을 점령하고 있었다.
>
> 주사오허우(朱紹侯)
> 《중국 고대사(中國古代史)》

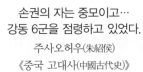

중간에 유비 고양이가 남겨져
'이리 갔다 저리 갔다'… 하는 상황에 이르렀어.

> 유비는… 군벌 혼전 시기에
> 도겸, 여포, 조조 등에게 의탁했으나
> 결국 홀로 서지 못했다. 관도대전 당시,
> 그는 원소에게 의탁했다가 원소가 패하자
> 다시 형주로 가서 유표에게 의지했다.
>
> 주사오허우(朱紹侯) 《중국 고대사(中國古代史)》

---

128) 관롱(關隴) : 산시(陝西)성 관중(關中), 간수(甘肅)성 동부 일대. – 역주.
129) 요동(遼東) : 랴오닝(遼寧)성의 동부와 남부 일대. – 역주.

물론 몇몇 자잘한 조연들도 있었지만,
그들은 그저 옆에서 수박이나 먹고 있었지….

사섭(士燮)이
사실상 교주를 통제했다.
양주(涼州)의 세력 한수,
마초(馬超) 집단과 동탁 집단의
잔여 세력이 관서를 점령하고 있었다.
한 말기 한중[130]을 할거한 사람은
장노[131]였다.

군사과학원(軍事課學院)
《중국 군사 통사(中國軍事通史)》

조조 고양이는 자신의 세력이 커지자

남방으로 세력 확장을 시작했어.

조조가 대부분의 북방을 평정하고,
창끝을 남방으로 돌렸다.

바이서우이(白壽彝) 《중국통사(中國通史)》

130) 한중(漢中) : 산시(陝西)성 서남부 지역. – 역주.
131) 장노(張魯) : 동한 말기의 군벌. – 역주.

자신을 보호하기 위해
남방의 손권 고양이와 유비 고양이는
서로 연합할 수밖에 없었지!

이렇게
손권과 유비는
서로 협력해 조조에
대항하기로 했다.
바이서우이(白壽彝)
《중국통사(中國通史)》

이렇게 시작된 게 역사상 그 유명한
적벽대전이야!

---

132) 적벽(赤壁) : 지금의 후베이(湖北)성 자위(嘉魚)현 동북쪽 절벽. – 역주.

그렇다면 손권과 유비는 어떻게 조조 군을 상대해야 했을까?

이때, 손권 고양이가 동오 최강의 장수를 소환했어!

손권은··· 강동 정권에 대한 주유의 공로를
따라올 자가 없다고 말했다.
바이서우이(白壽彝)《중국통사(中國通史)》

그게 바로 주유(周瑜) 고양이였지!

주유는 자가 공근이며,
여강군 서현 사람이다.

《삼국지(三國志)·주유전(周瑜傳)》

주유 고양이는 손권 고양이의
형인 손책 고양이의 오랜 부하였어.

주유야,
너만 믿어.

주유는…
손책을 도와 말릉(秣陵),
호숙(湖孰), 강승(江乘) 등 지역을
공략했고, 양주(揚州) 자사
유요를 쫓아내고
그가 지배하던 곡아를 점령했다…
손책은 주유에게
건위중랑장(建威中郞將)이라는
직책을 맡겼다.

한 부하를 2대에 걸쳐서 부린 셈이지.
(가성비 최고)

주유야,
또 너만 믿어.

주유가 뵙기를 청하고 말하길,
"모든 사람이 조조의 편지를 보고
수군과 보병이 80만이라는
말에 두려워하고 있지만,
그 사실 여부를 확인할 필요도 없고,
이에 대해 다시 회의를 여는 것은
더욱 무익합니다. 지금 저들의
실제 병력 수를 살펴보면,
중원 사람들은 15~16만 명을
넘지 않고, 이 군사들은 이미
장기간의 전쟁으로 지쳤으며,
유표의 군대를 얻었다고 해도,
그 또한 7~8만 명뿐입니다."
《삼국지(三國志)·주유전(周瑜傳)》
주석《강표전(江表傳)》

조조 고양이가 접근해오는데도
주유 고양이는 매우 침착했어….

어차피 '전면전'이니까.

주유는… 자신에게
정예병 5만 명만 있으면
조조를 무찌를 수
있다고 했다.
바이서우이(白壽彝)
《중국통사(中國通史)》

그렇다면 조조 쪽은?

북방 고양이가 남방에 오니
환경에 적응이 되지 않아…

조조 군은
대부분 북방 사람으로
남방 환경에 적응하지 못했다.

바이서우이(白壽彝)
《중국통사(中國通史)》

첫 싸움에서는… 지고 말았지.

조조는 첫 교전에서
패해 퇴각했다.

군사과학원(軍事課學院)
《중국 군사 통사(中國軍事通史)》

어쩌지?

북방 병사들은
배에 타는 것이 익숙하지 않았고,
양쪽 기슭으로 치고 나갈 때
이미 병에 걸린 상태였다.

장따커(張大可)
《장따커 문집(張大可文集)·
삼국사(三國史)》

이때, 조조 고양이는 꾀를 하나 냈어.

그게 바로 유명한
연환선(連環船) 작전이었지!

조조 군은 배들을 연결해
뱃머리와 배꼬리가
서로 이어져 있었다.
《자치통감(資治通鑑)·한기(漢紀) 65》

그는 모든 배를 서로 연결했어.

(조조는) 모두 배들을
밧줄로 서로 연결했다….
마즈제(馬植傑)《삼국사(三國史)》

물에서 싸울 때 배가 좀 흔들리긴 해도…

···파도에 흔들리는 것을
막기 위해서였다.
마즈제(馬植傑)《삼국사(三國史)》

이동하는 것은 편한 편이잖아.

근데 이 배들은 다 묶어났으니

조조 군의 배들은
그 머리와 꼬리가
서로 이어져 있었다….
군사과학원(軍事課學院)
《중국 군사 통사(中國軍事通史)》

고정된 과녁이나 다름없는 거 아니겠어?

…전쟁 중
수군의 기동성을
크게 떨어뜨렸다.
마즈제(馬植傑)
《삼국사(三國史)》

이때,
주유 고양이가 등장했고,

집돌이들
다 태워버려!

주유가 이끄는 군대는
쉽게 무너뜨릴 수 있습니다.
《삼국지(三國志)·주유전(周瑜傳)》
주석《강표전(江表傳)》

마침 불어오는 큰바람에

불을 실어 보냈지.

주유의 부장 황개(黃蓋)가…
여러 배를 풀어 동시에 불을 질렀다.
당시에 바람이 매우 사나웠다…
《삼국지(三國志)·주유전(周瑜傳)》

태워!

그렇게… 조조 고양이의 배들에 불이 붙어 버렸고,

배에서부터 해안까지 모두 타버렸어….

…물가의 진영까지 태웠다.
《삼국지(三國志)·주유전(周瑜傳)》

조조의 병사들은
오합지졸이 되었고,
타거나 물에 빠져 죽은
사람의 수를 다
헤아릴 수도 없었다.

바이서우이(白壽彝)
《중국통사(中國通史)》

수많은 사람과 말이 타거나
물에 빠져 죽었고,
조조 군이 대패하는
상황이 펼쳐졌다.

군사과학원(軍事課學院)
《중국 군사 통사(中國軍事通史)》

조조 군은 순식간에 큰 혼란에 빠졌고,
대패하고 말았지.

우당탕탕,
적벽대전이
이렇게 끝나버린 거야….

온몸에서 탄 냄새가 나는 채로 조조 고양이는
짐을 싸서 북방으로 철수할 수밖에 없었어.

조조는… 북방으로 돌아갔다.
《삼국지(三國志)·주유전(周瑜傳)》

돌아가는 길에 먹을 것이 없어 죽은 병사들…

병에 걸려 죽은 병사들이 반이었지….

조조 군이 철수하는 과정에서
대부분 배고픔이나 질병으로 죽었다.
마즈제(馬植傑)《삼국사(三國史)》

조조의 전략 기동부대가 적벽대전에서
큰 손해를 입었다. 또한 남방과
비교했을 때, 수군이 특히 큰 차이의
열세에 놓이게 되었고, 전선도 매우
적었으며, 장강에 대한 통제권도
완벽히 상실했다… 대부분 군사가
전쟁 중에 혹은 질병으로 사망해
그 가족들의 원성이 자자했고,
많은 백성이 유랑하게 되면서
심각한 사회적 문제가 되었다.
군사과학원(軍事課學院)
《중국 군사 통사(中國軍事通史)》

이번 패배로 무적이었던
조조 고양이의 손해는 막심했어.

이 전투를 통해
조조는 전국 통일의 기회를
놓쳤다.
군사과학원(軍事課學院)
《중국 군사 통사(中國軍事通史)》

남방을 통일할 기회도
이렇게 사라졌지….

대신 손권과 유비는 전에 없던
세력 확장의 기회를 얻었어.

…손권과 유비 집단은
지금까지 가지지 못했던
자신들의 힘을
키울 기회를 얻었다.
군사과학원(軍事課學院)
《중국 군사 통사(中國軍事通史)》

적벽대전의 종료는
곧 군웅 혼전 시대의 종료였고,

적벽대전은
중국의 군웅 혼전 시대의
종결을 상징했다.
군사과학원(軍事課學院)
《중국 군사 통사(中國軍事通史)》

나라는 세 갈래의 방향으로 발전하게 되었지.

적벽대전은
3국 공존 형국의
초석을 다졌다.
바이서우이(白壽彝)
《중국통사(中國通史)》

그럼 대체 천하는

▶ **누구의 것이 되었을까?** ◀

이어서 계속

편집자의 말 ◇◇◇◇◇◇◇◇◇◇◇◇◇◇◇◇◇◇◇◇◇◇◇◇◇◇◇◇◇◇◇

적벽대전은 삼국 시대의 '3대 전투' 중 하나이자, 조조, 손권, 유비 세 사람이 동시에 참여한 유명한 전투이고, 나라의 미래에 결정적인 영향을 끼쳤다. 조조 군의 패배는 조조의 전국 통일의 기세를 끊어버렸고, 나라는 계속 분열된 상태를 유지했다. 적벽대전의 결과에서 알 수 있듯이, 조조, 손권, 유비 셋은 당시의 힘만으로는 승부를 가릴 수 없었다. 그래서 그들은 최종 승리를 위해 적극적으로 힘을 키워야 했다. 그렇게 세 사람의 전략의 중점이 서로를 제외한 익주, 교주(交州), 관서(關西) 등과 같은 나머지 할거 세력들을 합병하는 것으로 옮겨졌다. 이와 동시에, 내부 정치 발전에 집중했다. 그렇게 순식간에 정치가 발전하고 수년간의 전쟁으로 파괴되었던 땅들의 경제도 어느 정도 회복되었다. 세 사람의 힘은 갈수록 강해져 3대 최강 세력들이 되었고, 이는 훗날 전국이 위(魏), 촉(蜀), 오(吳) 세 나라로 나뉘는 기초가 되었다.

조조 역 - 전병　　　손권 역 - 꽈배기　　　유비 역 - 해바라기씨　　　주유 역 - 순두부

참고 문헌 : 《삼국지(三國志)》, 《자치통감(資治通鑑)》, 푸러청(傅樂成) 《중국통사(中國通史)》, 왕중뤄(王仲犖) 《위진 남북조사(魏晉南北朝史)》, 주사오허우(朱紹侯) 《중국 고대사(中國古代史)》, 군사과학원(軍事課學院) 《중국 군사 통사(中國軍事通史)》, 바이서우이(白壽彝) 《중국통사(中國通史)》, 마즈제(馬植傑) 《삼국사(三國史)》, 장따커(張大可) 《장따커 문집(張大可文集)·삼국사(三國史)》

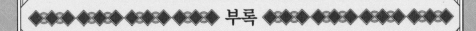
동풍만 불면?

《삼국연의(三國演義)》에서는 동풍이
불어 조조 군 진영에 불이 붙을 수
있었다고 말했어. 하지만 정사에서
는 바람이 불었다고만 했지, 바람의
방향은 나오지 않았어. '동풍'은 후
대 사람들의 추측이었을 거야.

미남다운 대우

손권은 매년 주유에게 100여
벌의 옷을 선물했어. 어떤 사
람들은 그가 주유를 형님으로
생각해 존경의 의미로 한 선
물이라고 하지만, 그냥 주유
가 너무 잘생겨서였을 수도….

절대음감

주유는 귀가 정말 좋았어. 음
악을 들을 때 한 음이라도 틀
리면 바로 알아차려 연주자에
게 이를 알려주었지.

고양이가 중국사의 주인공이라면 ❹

제1판 1쇄 2023년 4월 13일

지은이   페이즈(肥志)
옮긴이   이에스더
펴낸이   장세린
편집   배성분, 박을진
디자인   얼앤똘비악

펴낸곳   버니온더문
등록   2019년 10월 4일 (제2020-000051호)
주소   서울특별시 용산구 청파로93길 47
홈페이지 http://bunnyonthemoon.kr
SNS   https://www.instagram.com/bunny201910/
전화   010-3747-0594 팩스 050-5091-0594
이메일   bunny201910@gmail.com
ISBN   979-11-980477-2-4 (04910)
ISBN   979-11-969927-0-5 (세트)

책값은 뒤표지에 있습니다.
파본은 구입하신 서점에서 교환해드립니다.